小学校

1時間で
達成できる具体的な
ねらいからつくる

道徳の授業

大阪成蹊大学教授
服部 敬一 編著

明治図書

まえがき

　本書をお手に取っていただき感謝申し上げます。はじめに，本書をお読みいただくにあたり，お願いをさせていただきます。本書を著すにあたって，読者の皆さんにぜひお伝えしたいことですので，おせっかいを承知の上で述べさせていただきます。

実践事例だけを読まないでください
　本書には，特別の教科道徳の授業実践を低中高学年における様々な内容項目や教材に関して17の実践例を載せていますが，それらは決して授業マニュアルとして載せているものではありません。つまり，読者の皆さんにこれらの実践例に倣って授業をしていただくことが本書の目的ではないのです。もちろん，そういう使い方も可能ですが，実際の授業では指導案の意図を十分に理解した上で，それを子供たちとともに実施していただきたいのです。

　では，指導案の意図を理解するとはどういうことでしょうか？　それは，単に指導案を隅々まで理解するということではありません。もちろん，指導案を実際の授業に生かせるように様々な状況を想定して綿密に準備することは重要であると考えますが，それよりも重要なことは，その指導案の中に流れている授業理論を理解することです。つまり，その授業で育てようとしている道徳性はどのようなものか，そのために子供に何に気づかせ，何を理解させることで育つと考えているのかなどが授業理論なのです。本書は，皆さんに，道徳授業に対する理解を深めていただくとともに，より高い指導力を身につけていただくことを願って編集しました。

　以上のことから，17の実践例は，あくまでも本書が提案する授業理論について理解していただくために，具体的な切り口として示したものです。実践例に示したねらいや発問を通して，本書が提案する授業理論を理解していただくことができれば，17の実践以外の教材においても自由に授業を創ることが可能になるはずです。そのためには，第1章で述べた15の提言についてじっくり考えていただけるとありがたく思います。これらの15の視点は，おそらく道徳授業に対する読者の皆さんの日頃からの疑問や物足りなさなどの現実の課題意識と一致することと思います。つまり，今まで何となく感じていた道徳の授業に対する疑問が明確になったり，物足りなさが何であったのかが少しずつ見えてきたりするはずです。その上で，17の授業実践を見ていくと，授業の設計の仕方に今までにはなかった視点が見つかることでしょう。つまり，道徳の授業理論が見えてくるはずです。

　「特別の教科　道徳」が実施されることになり，授業実践や授業方法に関する著作が非常に多く出されています。しかし，授業理論に関するものとなるとほとんど見当たらないのが現実です。つまり，これまで道徳の授業理論についての提案はほとんどなく，そのことについて考える期間もあまりなかったと思われます。

道徳の授業に関する疑問や物足りなさについて一緒に考えてください

　本書を手に取っていただいた方は，おそらく道徳の授業に高い関心をおもちの方だと考えます。同時に，道徳の授業に疑問や物足りなさを感じておられる方だとも思います。本書はおそらく，それらの疑問や物足りなさを見直していただく視点をお示しできるのではないかと考えています。例えば，道徳で指導することについて子供は既に知っているのではないか，子供に考えさせることがねらいであってもよいのか，子供が自分自身をふりかえって反省や実践への抱負を述べたり書いたりしていればよいのか，道徳科の授業はその1時間で達成するようなねらいを立てることはできないのかなどの，ねらいに関する疑問や物足りなさです。もう一つは，教師の発問で子供は本当に考えているのか，子供は教師が何を答えてほしいかを考えて発言しているだけではないのか，教師がもっている答えを当てにいっているだけではないのか，子供がもっと本気になって考えるような視点はないのかなどの，発問に関する疑問や物足りなさです。

　これらの疑問について考えていただくための視点として，第1章に15の視点を示しました。これをお読みいただき，疑問や物足りなさを共有していただけたり，なぜそうなるのかについてじっくり考えたりする機会にしていただければと思います。そして，これまでもやもやしていたものが少し晴れたと感じていただくことができれば幸いです。また，反対に，そうではないだろう，もっと違った考え方やアプローチがあるはずだと新たな疑問をおもちいただければ，一層ありがたいと思います。

新しい道徳の授業を創ってください

　繰り返しになりますが，本書の目的は道徳授業の型を示すことではありません。17の実践をお読みいただくとお分かりいただけると思いますが，どの授業も同じ型やパターンで進めていません。どれも異なったタイプの授業です。一般に，道徳科では同じようなねらいが設定され，授業の進め方でも同じ型やパターンの授業をよく見かけます。そうすることで，いつでも，どこでも，だれでも一定水準の授業ができるということをめざしているのだと思いますが，それではつまらないと感じておられる方も少なくないように思います。だからといって，自主教材の開発となると様々な課題があります。本書では，教科書に載っている，いわゆる有名教材を使って授業づくりをしています。そのねらいや学習指導過程は，全く新しいものだと考えています。だれもが知っている教材であっても，視点を変えればこれまでになかった授業が創れるのです。もちろん，それが唯一で最高のものだとは考えていません。もっと別の視点もあるはずですし，もっとよい授業が創れるはずです。それを考えるきっかけにしていただければ幸いです。

2020年4月

編著者　服部敬一

もくじ

第1章
具体的なねらいから
「授業」をつくる15の提言

第2章
具体的なねらいからつくる「授業」

第1章

具体的なねらいから
「授業」をつくる
15の提言

1 特別の教科道徳がめざすものを まず理解する

　特別の教科道徳は，児童がどのようになることをめざすのでしょうか？『小学校学習指導要領』の特別の教科道徳の目標は「よりよく生きるための基盤となる道徳性を養うため，道徳的諸価値についての理解を基に，自己を見つめ，物事を多面的・多角的に考え，自己の生き方についての考えを深める学習を通して，道徳的な判断力，心情，実践意欲と態度を育てる。」となっています。この目標からは，「道徳性を養う」ことと「道徳的な判断力，心情，実践意欲と態度を育てる」ことをめざすことが分かりますが，道徳的な判断力，心情，実践意欲と態度は道徳性の諸様相ですから，結局は道徳性を養うこととなってしまいます。そうすると，最初の質問に対する答えは，児童が道徳性を身につけた人になることをめざすということになります。しかし，これでは，よく分かりません。当たり前すぎるからです。

　では，道徳性を身につけた人とはどのような人なのでしょう。善いことを行い悪いことを行わない人のことでしょうか。あるいは，学習指導要領に示されている内容に書かれていることを全て実現できる人なのでしょうか。特別の教科道徳は，そんな完璧な人間にすることをめざしているのでしょうか？　また，そのようなことが可能なのでしょうか？　これら疑問に対して，「できるようになることをめざすが，完全にできなくてもよい。少しでもできるようにすることである。」「大切なことは，できるようになることではなく，できることをめざすことなのである。」「道徳性は達成目標ではなく，方向目標である。」などの説明を聞くことがあると思います。しかし，その場合，どの程度できることをめざすのかがはっきりしません。「限りなく完璧に近づけるべきである。」と考える人もいれば，「いや，私たち大人と同じ程度でよい。」と考える人もいます。中には「少なくとも悪いことをしない程度にはしたい。」という人もいるはずです。つまり，明確なのはめざす方向だけであって，それだけでは児童がどのようになるのかについて何も分からないのです。

　小学1年生の児童であっても，学習指導要領の内容に書かれていることが善いということは知っていますし，その方向をめざすべきであると考えています。だからといって，実際に行動できるわけではありません。ただし，善いと分かっていてもできないのは大人も同じです。

　私たち大人は，子供たちは道徳的に未熟であり，自分たちのほうが成熟している（道徳的である），子供は分かっていないだろうと考えてしまうことがあるのかもしれませんが，本当に大人のほうが子供よりも道徳的なのでしょうか？　また，子供のうちに善いことをし，悪いことをしないようにしっかり教育しておかないとと考えているかもしれません。しかし，自分たち大人が子供であった頃に比べて，今の子供たちは善いことを身につけていないのでしょうか？

2 学校の教育活動全体を通じて行う道徳教育と特別の教科道徳は同じではない

　小学校学習指導要領の第1章総則には，「学校における道徳教育は，特別の教科である道徳（以下「道徳科」という。）を要として学校の教育活動全体を通じて行うものであり，道徳科はもとより，各教科，外国語活動，総合的な学習の時間及び特別活動のそれぞれの特質に応じて，児童の発達の段階を考慮して，適切な指導を行うこと。」とあるように，学校における道徳教育には，学校の教育活動全体を通じて行うものと，時間割に位置づけられた特別の教科道徳の授業として行うものがあります。前者の，学校の教育活動全体を通じて行う道徳教育の中には，学級活動として，学校や学級における生活上の諸問題の解決や，学級内の組織づくりや役割の自覚，学校における多様な集団の生活の向上，基本的な生活習慣の形成，よりよい人間関係の形成などを学校や学級の日常生活を通して育成しようとするものがあります。特に学級担任制である小学校では，学級の道徳的な雰囲気づくりが重要になります。それらを一般に学級経営と呼びますが，学級経営のうまくできている学級では，規律正しく，思いやりのある温かな雰囲気があり，児童は生き生きとしています。このように，学校の教育活動全体を通じて行う道徳教育は，日常の生活場面での具体的な指導であり，また，継続的な指導でもあり，その効果の大きさは教師であればよく分かっています。

　それらの道徳教育とは別に特別の教科道徳があります。では，両者の違いや関係をどのように考えればよいのでしょうか。学習指導要領第3章第2に示されている内容は，「その全てが道徳科を要として学校の教育活動全体を通じて行われる道徳教育における学習の基本となるものである。」（『小学校学習指導要領解説　特別の教科　道徳編』p.26）とあるように，特別の教科道徳のみならず，全ての道徳教育を進める上での内容でもあります。つまり，両者は同じ内容を指導することになっています。また，両者の目標も新学習指導要領から「道徳性の育成」で統一されました。そうすると，学校の教育活動全体を通じて行う道徳教育において，「内容」に示された事柄，例えば「誠実に，明るい心で生活すること」や「誰に対しても思いやりの心をもち，相手の立場に立って親切にすること。」などの指導を行い，その成果が上がっている場合でも，特別の教科道徳においても同じことを指導するのでしょうか？

　これについては，本書を全て読んでいただくとご理解いただけると思いますが，ここで簡単にまとめますと，学校の教育活動全体を通じて行う道徳教育では，「何が善いか（悪いか）」「何をすべきか」を指導し，特別の教科道徳では，「なぜそれが善いのか」「どういう意味があるのか」などの善悪の理由や根拠について深く理解させたり，それに向き合う人間を理解させたりすることであると私は考えています。

3 内容項目がねらいであってはいけない

　授業であれば，そこには必ずねらいがあります。教科の目標に向けて学年の目標があり，学年の目標を受けて単元の目標があり，そして単元の目標を達成するために本時の目標（ねらい）があります。特別の教科道徳の授業はふつう1時間扱いですので単元の目標は基本的にありません。したがって，1時間の授業にはその時間のねらいが設定されるべきです。

　では，ねらいとは何でしょうか？　ねらいは，授業の設計者である指導者（教師）が設定するものであり，その授業（単元）を通して学習者である児童にどのような変容を期待するのかを述べたものです。ねらいと混同されやすい言葉にめあてがありますが，これは学習者である児童がそれを意識しながら学習を行うためのものです。特別の教科道徳のねらいについて，『小学校学習指導要領解説　特別の教科　道徳編』には，「道徳科の内容項目を基に，ねらいとする道徳的価値や道徳性の様相を端的に表したものを記述する。」とありますが，それは具体的にはどのようなものなのでしょうか？

　ここに，よく見られる特別の教科道徳のねらいを示します。

○嘘をついたりごまかしをしたりしないで，素直に伸び伸びと生活しようとする心情を育てる。（1年生　正直，誠実）

○相手のことを思いやり，進んで親切にしようとする心情を育てる。（4年生　親切，思いやり）

○誰に対しても差別をすることや偏見をもつことなく，公正，公平な態度で接し，正義の実現に努めようとする態度を養う。（6年生　公正，公平，社会正義）

　これらのねらいは，他の教科のねらいと比べると一般的です。つまり，内容項目に書かれていることの最後に判断力，心情，実践意欲，態度などの道徳性の諸様相をつけただけなのです。道徳の授業のねらいがこのように抽象的になっている理由は，道徳性が1時間では育たないという考え方があるからですが，それでよいのでしょうか？　道徳性を育てることと1時間のねらいを明確にすることとは，矛盾するのでしょうか？　このことは，各教科においても同様で，教科の目標や学年の目標があっても，それをそのまま本時の目標にすることはないはずです。

　このように，内容項目がほぼねらいになる場合，教材が変わっても内容項目さえ同じであれば，ほぼ同じねらいになってしまいます。しかも，内容項目は2学年くくりになっていますから，同じ内容を取り上げた授業の場合，1年生と2年生，3年生と4年生，5年生と6年生ではほぼ同じねらいになります。それでは，その時間に指導者が児童のどのような変容を願っているのかが分かりません。1時間の授業をするからには，その時間のねらいがあるはずです。

4 ねらいがオープンエンドでは特別の教科道徳の目標に向かえない

　道徳には答えがないといわれます。この場合の答えが何を指しているのかによって立場は異なりますが，特別の教科道徳の授業に答えがないことを前提にするならば，授業をどのように設計すればよいのでしょうか？　『学習指導要領解説　特別の教科　道徳編』では，特別の教科道徳の目標について次のように述べています。「道徳教育の目標に基づき，よりよく生きるための基盤となる道徳性を養うため，道徳的諸価値についての理解を基に，自己を見つめ，物事を多面的・多角的に考え，自己の生き方についての考えを深める学習を通して，道徳的な判断力，心情，実践意欲と態度を育てる。」この目標にあるように，道徳性はよりよく生きるための基盤となるものです。つまり，よりよいという方向はあるわけで，算数科のような明確な答えはないかもしれませんが，何が善いか悪いかすら全くないわけではありません。また，道徳的諸価値の理解を前提としている以上，それをよいものとしているはずです。もちろん，正直がよいとは限らない場合，例えば「相手を傷つけないための嘘」や「人を守るための嘘」などがあるのは事実ですが，それは正直にすべきかどうかの答えがないのではなく，嘘をつく目的や動機が善だからです。つまり，相手をだましてお金を奪うような目的，動機からの嘘は悪です。したがって，目的や動機によって正直が善とは限らない場合はありますが，正直そのものが悪だというわけではありません。「嘘も方便」という言葉がありますが，嘘と方便は別のものだということが前提です。道徳的諸価値は，道徳的に善いという性質を示しているわけですから，それが適応する状況や目的，動機などの条件を満たせば，基本的に正直は善のはずです。

　また，「価値観が多様化している社会では，道徳も多様化している」ということを聞くことがありますが，価値観（価値に対する人々の考え方）が多様化しているからといって，価値そのものが多様化していることにはなりません。価値観と価値を混同しないよう注意する必要があります。

　さて，授業のねらいに戻りますが，特別の教科道徳のねらいは，明確にはならないのでしょうか？　児童それぞれの考えを答えとするようなオープンエンドでよいのでしょうか？　もしも，道徳の問題に答えがないのであれば，ねらいはオープンエンドにならざるを得ません。そうすると，そこでの学習は善悪について学ぶのではなく，善悪について考えることになってしまいます。もちろん，そのことも重要です。しかし，特別の教科道徳は，よりよく生きることをめざし，道徳的諸価値についての理解を前提としているわけですから，めざす方向性があるわけです。したがって，児童に考えさせるだけのねらいでは，特別の教科道徳の目標に向かうということはできません。

5 「分かりきったこと」をねらいにしない

　これまでの道徳の時間でも同じですが，特別の教科道徳の授業が面白いと感じられない原因の一つに，児童にとって「分かりきったこと」をねらいにしているということがあると考えます。

　私たち教師は，児童によくなってほしいと願っています。そして，その願いを道徳の授業に込めたくなります。また，学習指導要領の特別の教科道徳の内容には，児童にそのようになってほしい点が内容項目として示されています。そうすると，この内容項目が実現できるように児童に指導することになります。それ自体は重要なことであり，必要な指導です。ただ，その時に，「（2）うそをついたりごまかしをしたりしないで，素直に伸び伸びと生活すること」「（6）身近にいる人に温かい心で接し，親切にすること」「（10）約束やきまりを守り，みんなが使う物を大切にすること」などが望ましいことは1年生の児童でも分かっていますし，児童もそのようにしたいという願いをもっているということです。このことは，他の内容項目にもあてはまります。つまり，内容項目に書かれていることは，「人間としてのよりよい生き方を求め，共に考え，共に語り合い，その実行に努めるための共通の課題」（『小学校学習指導要領解説　特別の教科　道徳編（p.22）』）ではありますが，そのこと自体は，児童にとっては分かりきっていることなのです。分かりきっていることを授業のねらいとして設定することにどんな意味があるのでしょうか。これに対して，「児童は分かっているかもしれないが，実践できているわけではない。むしろ，できていない場合のほうが多い。だから指導しなければならない。」と考えられるかもしれません。確かに，児童が道徳について分かっていても実践できていないことは日頃の様子からもよく分かります。ただし，分かっていても実践できないのは児童ばかりではありません。私たち大人も，何が善いか，何を行うべきかについては分かっていますが，それが実践できているかといえば疑わしいものです。もしかすると，小学生よりも大人のほうが実践できていないかもしれません。だからといって，分かりきったことをねらいにして指導することにどのような意味があるのでしょうか？

　分かっていてもできないことについて，日常生活の具体的な場面で継続的に指導すること，つまり道徳に関するトレーニングをするのであれば，もしかするとできるようになるかもしれません。しかし，それは学校の教育活動全体を通じて行う道徳教育のほうで行うことであり，特別の教科道徳で，児童が授業前から分かっていることをねらいとすることの意味は薄いと考えます。道徳の場合，学校で習わなくても，日々の生活をしているだけでも，児童は道徳について学んでおり，内容項目に書かれていることぐらいであれば，既に分かっているはずです。

6 1時間で達成可能なねらいにする

　授業である以上，その時間独自のねらいがあるべきだという考え方は徐々に広まってきており，抽象的なねらいではなく，具体的なねらいを設定しようという動きが見られます。それは非常に重要であり，歓迎すべきことです。ただ，これまでの道徳授業では，1時間で達成可能な具体的なねらいを設定した実践はあまり多くはないため，先生たちに具体的なねらいのイメージがないのが現実です。そんな中で，よく見かけるのが，「〜を通して」という文言をこれまでのねらいの前に付けるというものです。例えば，「おおかみの気持ちを考えさせることを通して，身近にいる人に温かい心で接し，親切にしようとする心情を育てる。」というねらいです。他にも，「絵はがきの料金不足のことを伝えるかどうかについて話し合うことを通して，友達と互いに理解し，信頼し，助け合おうとする態度を養う。」「手品師の悩みについて深く考えることを通して，誠実に明るい心で生活しようとする心情を育てる。」などがあります。これらは，これまでの「内容項目＋諸様相（道徳的判断力，道徳的心情，道徳的実践意欲と態度）」のねらいの前に，学習活動の概要を置いただけのもの，つまり「活動＋内容項目＋諸様相」なのです。果たして，これでねらいを具体化したことになるのでしょうか？

　授業は，もともと目標（ねらい）と手立て（方法）によって構成されています。目標は，授業を通して児童にどのような変容を期待するか，授業の前後で児童がどのように変わるかを想定したものです。そして，その目標に迫るために，どのような手立てを通すかということになります。ですから，これまでの，「内容項目＋諸様相」をねらいとする授業であっても，指導案には必ず手立てが書かれていたはずです。つまり，ねらいの中に手立てを書き加えるということは，それまで別のところに書かれていた手立てをねらいのところにも書いたというだけであって，ねらいそのものを具体的にしたことにはなりません。

　では，ねらいそのものを具体的にするとはどうすることなのでしょうか？　1時間で達成可能なねらいとはどのようなものなのでしょうか？　既に述べましたが，内容項目をねらいにした場合，それは1時間で達成できるものにはなりません。そもそも内容項目は，児童が人間としてよりよく生きていく上で必要だと考えられる道徳的価値を含む内容であって，1時間の学習を想定したものではないからです。ふつう，教師が授業を創る場合，効果的な手立てを考えます。その場合，その手立てによって児童にどんな学びが期待できるかは想定しているはずです。例えば，おおかみの気持ちの変化を捉えさせるという手立ては，児童に「いじわるをするのは面白いが，優しく親切にするほうがずっといい気持ちになることに気づかせる」という学びを想定しているはずなのです。その想定した学びこそが1時間のねらいになるのです。

7 教材の特質を生かしたねらいをつくる

　ここに，「きんの　おの」「きんいろの　クレヨン」「ひつじかいの　こども」の三つの教材
があります。これらはいずれも，低学年の授業で用いられる教材で，内容項目も「Ａ　主とし
て自分自身に関すること」の「（２）うそをついたりごまかしをしたりしないで，素直に伸び
伸びと生活すること」です。したがって，これまでのやり方でねらいを設定した場合，三教材
とも「うそをついたりごまかしをしたりしないで，素直に伸び伸びと生活しようとする心情を
育てる。（態度を養う。）」と同じになります。このことは，既に指摘しましたが，特別の教科
道徳の授業は１時間扱いであり，しかも教材が異なってもねらいが同じであるということです。
これでは，その時間にその教材を使った意味が分かりませんし，教師がその教材の特質を生か
して，児童にどのような変容をさせようとしているのかもはっきりしません。もちろん，道徳
性は徐々に養われるものであり，授業を１時間しただけで道徳性が養われるものではないこと
は言うまでもありません。しかし，１時間の授業には，その時間のねらいがあるはずです。
　例えば，上記の三教材には，それぞれに独自の正直にすべき理由や根拠が含まれています。
そのことに気づかせることが授業では重要です。その視点から三つの教材について，以下のよ
うなねらいを考えました。

○教材「きんの　おの」
　（神様の気持ちを通して）だれしも正直な人に対しては立派だと思う，ほめてあげたい，幸
せになってほしいという気持ちになるが，嘘をつく人に対してはこのままではいけない，お灸
を据えてやろう，正直な人になってほしいと思うものであることに気づかせる。

○教材「きんいろの　クレヨン」
　自分の失敗をごまかしてしまった時には，相手に申し訳ない，ずるいことをしている自分が
いやだ，ばれたら恥ずかしいなどの気持ちになるが，正直に謝れた時には，たとえ叱られたと
してもそんなに苦しい気持ちにならなくて済むことを理解させる。

○教材「ひつじかいの　こども」
　私たちは，嘘ばかりついている人の言うことに対しては，今度も嘘かもしれない，きっと嘘
だと思ってしまう。このことから，嘘をつくと信用を失うことを理解させる。

　以上のように，同じ内容項目であっても，教材が異なればそこに含まれる理由や根拠が異な
ります。したがって，道徳科の授業ではその教材の特質がもつ道徳的価値の理由や根拠に気づ
かせたり，理解させたりすることで子供の道徳性が少しずつ育っていくと考えます。

8 人間理解に基づくねらいをつくる

『小学校学習指導要領解説 特別の教科 道徳編』の第2章第2節に「一つは，内容項目を，人間としてよりよく生きる上で大切なことであると理解することである。二つは，道徳的価値は大切であってもなかなか実現することができない人間の弱さなども理解することである。三つは，道徳的価値を実現したり，実現できなかったりする場合の感じ方，考え方は一つではない，多様であるということを前提として理解することである。道徳的価値が人間らしさを表すものであることに気付き，価値理解と同時に人間理解や他者理解を深めていくようにする。」という説明があります。ここにある「一つ」「二つ」「三つ」は，それぞれ「価値理解」「人間理解」「他者理解」と対応関係にあることが分かります。そして，「人間理解」は，「道徳的価値は大切であってもなかなか実現することができない人間の弱さ」を理解するということのようです。自分自身をふりかえっても，善いことは分かっているのに実践できないことや，悪いと分かっているのにしてしまうことが少なくありません。確かに，人間は弱いものです。

しかし，人間と他の動物の違いに目をやると，よりよく生きようとしているのも人間の特徴であることが見えてきます。自分が善いと考えていることが実践できない時に自分のことを情けないと思ったり，悪いと思うことをしてしまった時に後悔したり，自分を責めたりするのは，おそらく人間だけでしょう。つまり，私たち人間は，弱いけれども，よりよく生きたい，よりよく生きるべきだと考えることができる存在なのです。

「人間理解」が，道徳を行えない弱さだとだけ考えれば，特別の教科道徳の学習における思考は，例えば，「正直にすることはよいことだけれども，それができないのが人間だ。」「人間には正直にはできない特性がある。（できなくても仕方がない。）」となってしまいます。このような人間理解では，道徳的に生きたいという意欲にはつながりにくいのではないかと考えます。

反対に，人間はよりよく生きたいと願う存在だと理解すれば，学習における思考の流れは次のようになります。「人間は，なかなか正直にはなれないが，嘘をついた時には罪悪感を感じる。また，嘘をついて罪悪感を感じないような人間にはなりたくないと考えている。それが人間というものだ。」このように，人間の弱さを認めながらも，よりよく生きることを願っていることを理解させるほうが道徳的に生きようという気持ちにつながるのではないでしょうか。

特別の教科道徳では，人間の弱さから目を背けるのではなく，しかし，その弱さを認めるだけでもなく，本当はだれもがよりよく生きたいと願っている存在であることも理解させる必要があります。これも，ねらいを具体化する視点の一つなのです。

9 発問構成でねらいに迫る

　指導者が具体的なねらいを設定できるということは，児童にどのような変容や成長を期待するのかが明らかになっているということです。また，特別の教科道徳を，考え議論する学習であると捉えるならば，何について考えさせるか，議論させるかに加えて，その結果どんな気づきをさせるのか，どのように理解を深めるのかということまで明確になっているということです。授業である以上，そこでのねらいが具体的になっていることが大切であることはこれまでも述べてきました。そして，ねらいに迫るための論点を提示するのが一連の発問構成です。

　1年生で教材「およげない　りすさん」を用いた授業について考えてみましょう。内容項目はB－（9）「友達と仲よくし，助け合うこと」です。この授業によって児童に気づかせたいことは，「友達と仲よくするべきだ。」や「仲間に入れてあげないのは悪い。」「みんなで遊ぶことがよい。」といった，児童が既に分かっていることではないと考えます。もちろん，そのことが大切であることには違いありませんが，それぐらいのことであれば，児童は学習しなくても知っています。そこで，本教材の特質から次のようなねらいを設定します。

［ねらい］友達を悲しませて，自分たちだけで楽しんでも本当に楽しくはならないということに
　　　　　気づかせる。そして，だれも仲間はずれにしないで，みんないっしょに仲良く遊んだ
　　　　　ほうが楽しいことに気づかせる。

　そして，このねらいに迫るための発問構成は次のようになります。

［発問］

①島には，すべり台やぶらんこがあるのに，3匹（人）は少しも楽しくないのはどうしてでしょう。

　◆3匹（人）が楽しくない時，どんなこと（だれのことを）を考えているのでしょう。

②次の日，りすさんといっしょに島へ向かっている3匹（人）は，ニコニコしていますね。どうしてでしょう。

　◆つれて行ってもらったりすさんが嬉しいのは分かりますが，他の3匹（人）は，昨日も島に行きましたね。なのに，どうして今日はニコニコしているのでしょう。

　これらの，論点について考えさせることによって，「たとえ楽しい遊具があっても，友達を一人仲間はずれにして遊んだのでは，そのことが気になって楽しむことができない。それに対して，だれも仲間はずれにしないでみんなで遊ぶと，心から楽しむことができる」ということに気づかせることができるのです。

10 「AかBか?」の発問を見直す

　「考え，議論する道徳」が提唱されてから，児童に議論をさせようとする道徳の授業が多く見られるようになったと感じています。

　その手立ては，ペアトークやグループトーク，自由に相手を変えてのトークなどの少ない人数での話し合いの形態，コの字型やサークル型などの座席配置，その他に時間を決める，交流する人数を決めるといった手立てもあります。これらは，特に新しいものではなく私が小学生の頃からあったものですし，道徳の学習だけの方法でもありません。これらが有効に働くかどうかは教師の腕次第ですが，うまくできるのであれば使えばよいと考えます。しかし，それだけで議論が深まるわけではありません。大切なことは，そんな手立てよりも議論の論点です。

　そこで，議論を起こすための手立てとして，「AかBか?」「どちらがよいか?」などと問う発問が行われます。このように問うことで，児童は何が正しいのかが分かりにくくなり，議論が活発に行われるように思われてのことでしょうが，果たしてそうなるのでしょうか?

　「まどガラスと魚」という有名な教材があります。この教材を用いた学習で，千一郎がガラスを割った場面で，あるいはどうしようかと悩んでいる場面で，「正直に謝るか，謝らないか。」「自分なら謝れるか，謝れないか。」という論点を与えたとします。そうすると，謝る派の児童からは，「正直に謝れば許してくれる。」「後でばれたらすごく怒られる。」「すっきりする。」などの理由が出されます。一方，謝らない派の児童からは，「謝っても許してもらえるとは限らない。」「ばれてから謝っても同じ。」「ばれるとは限らない。」などの理由が出されます。そして，そのことについて議論をさせると，「そうは言うけれど……」「でも……」などと，相手の意見についても批判的に考え，活発な発言が出てきそうです。

　本当にそうでしょうか?　私も若い頃に，そのように考えて意見の対立が起こるような論点で話し合わせていたことがあります。しかし，そのような話し合いを何度か行っているうちに，児童が本気になっていないのではないかと感じるようになってきました。確かに，相手の意見に対して反対の立場で意見を述べてはいるのですが，なんとなく冷めた感じがするのです。

　よくよく考えてみますと，謝る派の児童も謝らない派の理由ぐらいであればはじめから分かっていますし，謝らない派の児童にとっての謝る派の意見も特に新しいものではありません。双方ともに，謝る理由も謝らない理由もはじめから分かった上で，教師の指示に従って，とりあえずどちらかの立場に立って意見を言おうとしてくれていただけなのです。

　このように，「AかBか?」「どちらがよいか?」などの発問だけでは，児童は本当に迷うわけではありませんし，深く考えられないことも多いのです。

11 子供が考え始める論点を示す

　「AかBか?」「どちらがよいか?」の論点では，児童が答えに困ったり，迷ったりするわけではなく，児童が本当に考えるわけではないことを述べました。では，「全ての発電を自然エネルギーに変えるべきか?」「死刑は必要か?」などの問題や,「臓器移植」「AI」など技術の発展に伴って生まれてきた新たな問題についてはどうでしょうか。これらの問題には容易に答えは見つかりません。だからといって，児童が本当に考え始めるかというと疑問です。なぜなら，これらの問題について議論するためには，社会のシステムや，自然エネルギーによる発電の仕組み，脳死とは何か，人格とは何か，人権とは何か，経済の仕組みなどについて理解していることが前提になります。そのような前提もなしに，児童が自分の「思い」だけを述べ合っても，深い議論にはなりません。

　それでは，特別の教科道徳において，どのような論点が示された時に児童は考え始めるのでしょうか?

　例えば，高学年の教材に「うばわれた自由」があります。これは，「わがまま者のジェラール王子が国の決まりを破って早朝に狩りをしているところを森番のガリューに咎められるが，言うことを聞かず反対にガリューを牢に入れてしまう。その後，ジェラールは王になるが，わがままは一層ひどくなる。そのため，国は乱れ，とうとうジェラールも牢に入れられてしまう。最後に，ガリューはジェラールに『本当の自由を大切にして，生きてまいりましょう。』と言い残して牢を出て行く。」という話です。

　この授業で，「本当の自由とは何か?」という発問によって児童は考え始めるでしょうか?

　児童は「自由」という言葉に魅力を感じますが，「自由と自分勝手が違う」こともよく知っています。また，「自由には責任が伴う」という言葉を聞いたこともあると思われます。ただ，これらの言葉を知っていたとしても，自由と自分勝手の線引きは大人でも難しく，自由に責任が伴うということは，「自由にしてもよいが，それによって起こる結果については，自分が責任を負いさえすればよい。」という個人主義的な考え方に陥ってしまいます。

　そこで本時では，自由度が高くなるほど責任が重くなるという自由と責任の関係について気づかせたいと考えます。そのために，次のような発問構成を用意します。

　①王様と家来はどこが違いますか?

　②ジェラールが王になると国は乱れましたが，それはジェラールの考え方と関係があるのでしょうか?　それは，どのような関係ですか?

　③ジェラールが分かっていなかったことは何でしょうか?

12 補助発問で子供の考えを深める

　先ほどの「うばわれた自由」の発問構成でも児童は自由と責任の関係について考え始めますが，児童にもっと深く考えさせるには，これらの中心発問や主発問だけではまだまだ論点が絞りきれていないと考えます（ここでの主発問とは，中心発問をはじめ授業を進める上で必ず押さえておくべき論点を提示するための発問で，指導案の学習指導過程に明記する発問です。また，「主な発問」とも「基本発問」とも呼びます）。そこで，次のような補助発問を用意します（ここでの補助発問とは，主発問を補ったり，論点を絞ったり，議論を深めたりするための発問のことで，「切り返し発問」と呼んだり，「ゆさぶる発問」と呼んだりします）。

①（導入）王様と家来はどこが違いますか？

　【補助発問】どちらのほうが自分の思い通りにできますか？

②ジェラールが王になると国は乱れましたが，それはジェラールの考え方と関係があるのでしょうか？　それは，どのような関係ですか？

　【補助発問】王ではなく，一般の国民がジェラールのように勝手なことをした場合であっても，やはり国が乱れるでしょうか？

③ジェラールが分かっていなかったことは何でしょうか？

　【補助発問】ジェラールは，王になれば自分の自由にしてもよいと考えていたようですが，その考えは正しかったのでしょうか？

　【補助発問】王だからこそ逆に許されないこと，自由にしてはいけないことは何ですか？

　主発問は，教材の本文に沿って問うものですから，学習者である児童の思考の流れを大切にします。流れですから，前後のつながりが重要です。したがって，そこであまり突っ込んだ問い方をしたり，深く掘り下げたりすると流れが途切れてしまい，その発問だけが唐突に出てきたようになってしまいます。そうならないために，主発問＋補助発問のセットが必要になります。主発問＋補助発問で，思考の流れを大切にしつつ，より深く考えさせます。別の言い方をするならば，児童に考えさせる発問は補助発問ですが，いきなり補助発問で問いかけたのでは，何のことか分からなくなる場合があります。そこで，その前に前提となる基本的な発問が必要です。主，補助という言葉の意味からすれば，補助発問よりも主発問のほうが重要に思われますが，授業者が児童に本当に考えさせたいことは，補助発問で問いかけたことなのです。つまり，適切で効果的な補助発問によって児童は考え始めるのです。誤解を恐れずに言うならば，授業は主発問ではなく，補助発問でつくられているのです。

13 考えが深まる発問構成をつくる

　これまで述べてきましたが，教師の発問によって児童は考え始めます。ただし，特別の教科道徳で用いる教材の多くは物語ですから，各教材のそれぞれの流れに沿って考えていくことになります。

　例えば，有名な教材「はしの　うえの　おおかみ」で，いきなり「うさぎに親切にしたおおかみが『えへん，へん。』と言っているのはどうしてでしょう。」と発問すると，児童は「いいことができたから。」「優しくなれたから。」とは言うかもしれません。しかし，それらの発言のもとになる考え方が何か，「えへん，へん。」と言ったおおかみの思いがどこまで分かって発言しているかがよく分かりません。そこで，その発問の前に，次のような発問を入れます。

①うさぎにいじわるをしたおおかみは，どうして『えへん，へん。』と言ったのでしょう。

　・じぶんは，うさぎよりつよいから。

　・じぶんがいちばんつよいから。

　・いばっている。

【補助発問】威張っているおおかみはどんな気持ちか？

　・いいきもち。

　・ぼくは，つよいんだ。

②おおかみはどんなことを考えて，くまの後ろ姿をいつまでも，いつまでも見ていたのでしょう。

　・くまさんはえらいなあ。かっこいいなあ。

　・くまさんは，つよいのにやさしい。

【補助発問】おおかみは，これまでの自分のことをどう思っているのかな？

　・いばってばかりいて，はずかしい。

　・よわいものいじめをして，わるい。

そして，

③喜んで走って行くうさぎを見送るおおかみは，どんな気持ちで「えへん，へん。」と言っているのでしょう。

　・ぼくもいいことができた。

　・ぼくも，やさしいおおかみだ。

④おおかみが，前よりずっといい気持ちなのはどうしてでしょう。

このような一連の発問の流れ（発問構成）によって，児童は深く考えることができるのです。

14　ふりかえりを懺悔・決意表明にしない

　道徳の授業では，主に教材を読んだ後で，自分をふりかえらせる活動をすることが多いようです。例えば，中学年で教材「雨のバス停留所で」を用いた学習の後に，次のような発問をして，児童に自分をふりかえらせようとします。

発問例1 今日は，みんなが気持ちよくするための決まりの大切さについて考えてきました。このことについて，これまでの自分をふりかえってみましょう。

発問例2 みんなが気持ちよく過ごすために，どんなことに気をつけていきたいですか。

　そして，それぞれの発問に対して児童は次のように自分をふりかえります。

ふりかえり1 これまでぼくは，みんなの場所で自分だけのことを考えて，人のことを考えなかったことがありました。でも，今日の道徳の勉強でやっぱりみんなのことを考えないといけないと思いました。これからは，少しでもみんなのことを考えて行動しようと思います。

ふりかえり2 みんなの場所では，自分のことだけ考えていたら，他の人がいやな気持ちになると思います。一人一人が，自分のことだけでなく，みんなのことも考えて行動することがとても大切だと思います。

　これらのふりかえりを読んで，みなさんはどのように思われるでしょうか？

　二人の児童は，今日の学習を自分と重ねて考えたと思われるでしょうか。自我関与がなされていると思われるでしょうか。それとも，二人は何を言うべきか，教師が何を言ってほしいかを考えて言って（書いて）いると思われるでしょうか？

　5でも述べましたが，小学校1年生の児童であっても，学習指導要領の内容に書かれていることが善いことは知っていますし，それに沿った生き方をすべきだとも考えています。したがって，二人の児童が上記のようなふりかえりをしていた場合，この学習の成果としてふりかえったのか，それとももともと知っていたことを言っている（書いている）のかを見分けることができないのです。仮に，教材「雨のバス停留所で」を用いた学習（いわゆる展開前段）をしなかった場合，例えば，「今日はみんなの場所での行動の仕方について考えます。これまでのみなさんは，みんなの場所でどのように行動してきましたか。これから，どのように過ごしたいですか。」とたずねた場合に，児童は上記のようなふりかえりはできないのでしょうか。

　道徳に関して何をすべきかを大人も子供も知っています。また，すべきだと分かっていても，それができていないことも分かっています。したがって，児童からすれば，ふりかえりは，とりあえず懺悔をするか，決意表明をするかになりやすいのです。

15 ねらいは評価と表裏一体でつくる

　教育評価の重要な目的の一つは，「教育活動自体がどの程度に成功であったかを，子どもの姿自体の中から見てとること」（梶田叡一著『教育評価　第2版補訂2版』有斐閣）です。つまり，実施した教育そのものの成果を見取ろうというものです。それは，教育の成果以外のもの，例えば子供がもともともっていたものではなく，その教育によって子供が何を身につけたかだけを評価することなのです。そして，学習評価は学習者である子供一人一人の学習の成果を評価することであるといえます。

　『小学校学習指導要領解説　特別の教科　道徳編』の第5章第1節の1には，「学習における評価とは，児童にとっては，自らの成長を実感し意欲の向上につなげていくものであり，教師にとっては，指導の目標や計画，指導方法の改善・充実に取り組むための資料となるものである。教育においての指導の効果を上げるためには，指導計画の下に，目標に基づいて教育実践を行い，指導のねらいや内容に照らして児童の学習状況を把握するとともに，その結果を踏まえて，学校としての取組や教師自らの指導について改善を行うサイクルが重要である。」（下線は筆者）と書かれている。このように，特別の教科道徳の評価は，児童の成長を対象とした学習評価と教師の指導を対象とした授業評価を含んでいるということです。そして，「指導のねらいや内容に照らして児童の学習状況を把握する」ということは，ねらいや内容から見た指導の成果を評価するということです。

　このような点から見ても，特別の教科道徳の授業のねらいを1時間ごとの児童の成長が見えるような具体的なものにする必要があると考えます。このことについては3で述べましたが，内容項目の後ろに道徳性の諸様相を付けただけのねらいでは，評価のよりどころとしては大きすぎる上，抽象的で，その時間で何をねらうのかが見えてきません。そして，それはここまで述べてきたように，児童がもともと知っていたことかもしれないのです。

　児童は，学習指導要領の内容項目に書かれていることぐらいであれば，それが善いということも，そのように行動すべきであるということも知っています。したがって，学習の最後に「いじわるしてはいけないと思いました。」「これからは，だれにでも優しくしようと思います。」と言ったり，書いたりしたとしても，その学習の成果としてそうなったのか，それとも，そのことをもともと知っていたのかは区別できないのです。これに対して，その時間独自の，児童にとって分かりきったことではない具体的なねらい，例えば，「いじわるも面白いし，弱い者いじめも面白いけれど，人に優しくしたほうがもっといい気持ちになることが分かりました。」となります。このように，ねらいと評価は表裏一体なのです。

第2章

具体的なねらいからつくる「授業」

正直，誠実【第１学年及び第２学年　A－（2）】

ひつじかいの　こども

STEP1　具体的なねらいを設定する

①教材（ひつじかいの　こども）の概要

　羊飼いの子供は，羊の番ばかりしていて退屈していた。そこで，大人たちをだますと面白いだろうと考え，「たいへん，おおかみだ。」と嘘をついた。すると大人たちは慌てて助けに来た。その様子が面白かった羊飼いの子供は，２回３回と同じように嘘をついた。ある日，本当におおかみが羊をねらってやって来た。羊飼いの子供は「おおかみがきた。」と叫んだが，大人たちはだれも助けに来なかった。

②子供にとって分かっていること，気づかせたいことから具体的なねらいまで

子供にとって分かっていること

内容項目について分かっていること	教材について分かっていること
・嘘をついて人をだますのはいけないことだ。 ・嘘をつくと相手から信用してもらえなくなる。 ・嘘をつかれた人はいやな気持ちになる。	・羊飼いの子供は，嘘をついて面白がっている。 ・だまされた大人たちはいやな気持ちになって怒っている。 ・嘘ばかりついていたから，だれも助けに来てくれなくなった。

子供に気づかせたいこと

・自分は冗談のつもりで嘘をついていても，嘘をつかれた相手はだまされていやな気持ちになる。
・軽い気持ちで嘘をついていても，何度も嘘をつかれるとその人を信用できなくなる。
・何度も嘘をつく人の言うことは，今度もまた嘘だと思うようになる。

具体的なねらい

　私たちは，嘘ばかりついている人の言うことに対して，「また嘘だ。」と思ってしまい，たとえ本当のことでも信じられなくなる。このことから，嘘をつくと信用を失うことを理解させる。

STEP2　ねらいから授業をつくる

①授業づくりのポイント

　子供たちは，自分勝手な都合で嘘をついてはいけないことは分かっている。それ故，本教材の嘘ばかりついていた羊飼いの子供の心情に焦点を当てたり，最後に本当におおかみが出た時に「おおかみだ。」という言葉を信じてもらえず，助けてもらえなかった場面だけを見て考えたりしても，既に分かっていることをなぞるだけになってしまうだろう。本教材は，羊飼いの子供は軽いいたずらとして嘘をついており，その嘘を何度も繰り返している。その嘘を何度もつかれる大人たちの心情の変化に焦点を当てることで，何度も嘘をつかれるとだんだんと相手を信じられなくなり，たとえ本当のことを言われても「また嘘だ。」と思ってしまったり，心配していたのにだまされて腹が立ったりして，信用できなくなってしまう。このような，嘘がよくない理由に気づいていくことができると考える。

②中心発問を考える

　そのことに気づかせるために，次の発問を通して大人たちの心情の変化を捉えさせることが有効であると考える。

中心発問	「助けに行かない。」と考える人が増えたのはどうしてでしょう。

③中心発問を生かす補助発問を考える

　上記の中心発問の意図に沿って子供により深く考えさせるためには，次のような補助発問が有効であると考える。

中心発問でより深く考えさせるための補助発問	
補助発問－1	次は本当かもしれないのに，また嘘だと思ったのはどうしてですか。
補助発問－2	何度も嘘をつかれてどのような気持ちになっていきましたか。

④中心発問に至る主発問を考える

　中心発問で大人たちの心情の変化を捉えるために，1回目，2回目，3回目～○回目に「おおかみがきた。」と聞いた大人たちに少しずつ生まれてきた疑いや腹を立てる気持ちを押さえておく必要がある。

主発問1	はじめに「おおかみがきた。」と聞いて慌ててとび出して行った大人たちはどんなことを考えていたでしょう。
主発問3	2回目に「おおかみがきた。」と聞いた大人たちはどんなことを考えたでしょう。
主発問4	3回目～○回目に「おおかみがきた。」と聞いた大人たちはどんなことを考えたでしょう。

学習指導過程

	学習活動	発問と予想される子供の心の動き	指導上の留意事項
導入	○本時の課題を知る。	○今日は，どうして「嘘をついてはいけないか」について考えましょう。	・ねらいへの方向付けを行う。
展開	○教材を読む。 ①はじめにとび出して行った大人たちの気持ちを考える。	○はじめに「おおかみがきた。」と聞いてとび出して行った大人たちはどんなことを考えていたでしょう。 ・大変だ。 ・怖がっているかも。 ・助けないと。	・大人たちが羊飼いの子供の言葉を信じて，心配していることに気づかせる。 ・はじめ〜○回目までを動作化して大人たちの心情の変化を捉えやすくする。
	②1回目に嘘をつかれた大人たちの気持ちを考える。	○それが嘘だと知って，どんなことを思ったでしょう。 ・嘘をついて悪い子だ。 ・急いで助けに来たのに。 ・助けに来て，損した。	・嘘をつかれた時には腹が立ったり，いやな気持ちになったりすることを押さえる。
	③2回目に嘘をつかれた大人たちの気持ちを考える。	○2回目に「おおかみがきた。」と聞いた大人たちはどんなことを考えたでしょう。 ・今度は，本当だろう。 ・また，嘘かな。 ・とりあえず助けに行こう。 ・嘘だったらゆるさないぞ。	・1回目と比べて，疑いや怒りの気持ちが生まれていることに気づかせる。 ・子供全員に大人役をさせて，2回目〜○回目にどうするか判断させ，助けに行かない人数の変化に着目させる。
	④3回目〜○回目に嘘をつかれた大人たちの気持ちを考える。	○3回目〜○回目に「おおかみがきた。」と聞いた大人たちはどんなことを考えたでしょう。 ・もうだまされたくない。 ・また，嘘だろう。 ・念のため，助けに行こうか。	・回を追うごとに，疑いや腹立ちの気持ちが強まっていることに気づかせる。
	⑤助けに行かなかった大人が増えた理由を考える。	○「助けに行かない。」と考える人が増えたのはどうしてでしょう。 ・どうせ嘘だから，行っても仕方がないから。 ・何度も嘘をつかれてまた嘘だと思ったから。 ・この子の言うことは全部嘘だと思ったから。	・何度も嘘をつかれたことによって，信じられなくなったり，腹が立って助けたくなくなったりすることを理解させる。
終末	○道徳ノートを書く。	○今日の学習で分かったことを書きましょう。	・今日の学習をふりかえらせることで，自分の学びを確認させる。

授業の実際

〈学習活動〉 はじめにとび出して行った大人たちの気持ちを考える

> **発問** はじめに「おおかみがきた。」と聞いてとび出して行った大人たちはどんなことを考えていたでしょう。

C　大変だ。　C　急いで助けに行かないと。

C　怖がっているかも。

T　羊飼いの子供のことを心配していたのですか？

C　そう。おおかみにおそわれたら大変だから。

C　助けてあげないとかわいそう。

〈学習活動〉 1回目に嘘をつかれた大人たちの気持ちを考える

> **発問** それが嘘だと知って，どんなことを思ったでしょう。

C　せっかく急いで助けに来たのに。

C　心配して，損をした。

T　せっかく助けに来たのに嘘だと分かって，どのような気持ちになりましたか？

C　いやな気持ち。　C　なんだか，腹が立つ。

T　羊飼いの子供に対してどのように思っていますか？

C　もう嘘をつかないでほしい。

C　嘘をついて，悪い子だと思っている。

〈学習活動〉 2回目に嘘をつかれた大人たちの気持ちを考える

> **発問** 2回目に「おおかみがきた。」と聞いた大人たちはどんなことを考えたでしょう。

C　今度はいるのかなあ。　C　本当かな。

T　はじめに聞いた時と少し変わっていますね。どうしてですか？

C　はじめに嘘をつかれて，少し疑っているから。

C　だまされていやな気持ちになったから。

T　はじめに「おおかみだ。」と聞いた時と少し違っているようですが，2回目に助けようと思った人はどれくらいいますか？（28人）　助けに行かないと思った人はどれくらいいますか？（2人）

〈学習活動〉 3回目～○回目に嘘をつかれた大人たちの気持ちを考える

> 発問　3回目～○回目に「おおかみがきた。」と聞いた大人たちはどんなことを考えたでしょう。

C　また嘘かな。　C　もうだまされたくない。　C　念のため助けに行こうかな。

C　今度こそ，本当だろう。　C　何回も何回も本当に困る。

T　2回目に「おおかみがきた。」と聞いた時と比べて，また変わっているようですが，3回目に助けようと思った人はどれくらいいますか？（14人）　助けに行かないと思った人はどれくらいいますか？（16人）

T　4回目に「おおかみがきた。」と聞いた大人たちはどんなことを考えたでしょう。

C　絶対嘘だ。　C　もう二度と助けない。　C　また嘘をつかれて腹が立つ。

T　4回目に「おおかみがきた。」と聞いた時に助けようと思った人はどれくらいいますか？（3人）　助けに行かないと思った人はどれくらいいますか？（27人）

〈学習活動〉 助けに行かなかった大人が増えた理由を考える

> 発問　「助けに行かない。」と考える人が増えたのはどうしてでしょう。

C　何回も嘘をつかれて腹が立ったから。

C　どうせ嘘だから。

T　でも，今度は本当かもしれませんよ。

C　何回も嘘をつかれたから，信用できなくなった。

C　嘘ばかりつかれて，この子の言うことは，嘘だと思ったから。

C　何回も助けに来たのに，嘘だったから面倒くさくなった。

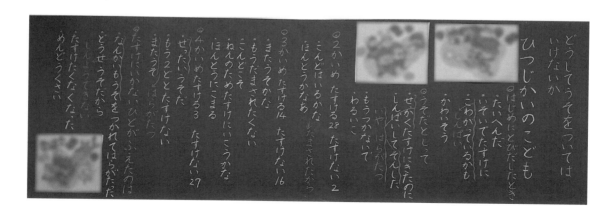

ねらいから見た評価のポイント

　本時の学習から，子供一人一人に嘘をつくことについてどのような成長が見られたかどうかを評価するために，終末で「道徳ノート」に「今日の学習で分かったこと」を書かせる。そこに書かれていることから，子供がこの1時間で何を学んだのか，学んだと考えているのかを見取り，それをどのように評価に反映させるかについてのポイントを示す。

◆**本時の内容項目について子供がもともと分かっていたかどうか判断できないもの**

> 　ひとをだますのは，いけないことだとおもいました。

　このノートに書かれていることは，嘘がよくないと感じたということは分かるが，それは本時の学習によって知ったというよりも，もともと知っていたと思われる。したがって，これだけでは道徳性に関わる成長が見られたかどうかを評価することができない。

◆**教材について子供がもともと分かっていたかどうか判断できないもの**

> 　ひつじかいの子どものように，おもしろがってうそをつくとあい手がいやなおもいをするから，うそはいけないとおもいました。

　嘘をついてはいけないことは，本時の学習がなくても分かったかどうかを判断することができないため，子供の道徳性に関わる成長が見られたかどうかを評価することができない。

◆**本時のねらいについて子供が学んだと思われるもの**

> 　ひつじかいの子どものように，じぶんはじょうだんのつもりでうそをついても，あい手はいやな気もちになったりこまったりして，あい手から「また，うそだ」とおもわれることがわかりました。

> 　なんかいもなんかいもうそをついていると，はじめはしんじてもらえていても，あい手がおこったりうたがったりして，だんだんしんようしてもらえなくなることがわかりました。

　このように，嘘が信用を失うことは，本教材の特質を踏まえており，1年生の子供にとっては，本時の学習を通さずに気づくことは困難であると考えるため，本時の学習の成果としての学びであると評価することができると考える。

（山本　岳大）

親切，思いやり【第1学年及び第2学年　B−（6）】

はしの　うえの　おおかみ

STEP1　具体的なねらいを設定する

①教材（はしの　うえの　おおかみ）の概要

　ある日，おおかみは，橋の上でうさぎと出会った。おおかみは，うさぎを追い払い，「えへん，へん。」と言った。次の日からこのいじわるがすっかり面白くなり，繰り返す。別の日におおかみはこのいじわるをしようとして大きなくまと出会った。思いがけずくまに優しくされたおおかみは，次の日にうさぎに同じことをし，「えへん，へん。」と言った。

②子供にとって分かっていること，気づかせたいことから具体的なねらいまで

子供にとって分かっていること

内容項目について分かっていること	教材について分かっていること
・優しくするのはいいことだ。 ・優しくしなければいけない。 ・優しくするとほめられる。 ・いじわるすると叱られる。 ・いじわるするのはいけないことだ。 ・いじわるするのは面白い。	・おおかみはうさぎにいじわるをして楽しんだ。 ・いじわるされたうさぎはかわいそう。 ・いじわるするおおかみは悪い。 ・くまは優しくして偉い。 ・おおかみは，これからは優しくするほうがいい。

子供に気づかせたいこと

・いじわるや弱い者いじめは面白いが，優しくしたり親切にしたりするほうが気持ちいい。
・優しくされるといい気持ちになり，優しくしたくなる。
・優しくするとほめられなくてもいい気持ちになる。
・優しくすると自分も相手もいい気持ちになる。

具体的なねらい

　いじわるは楽しい，弱い者いじめも面白い。でも，人に優しくしたり，親切にしたりするのはいじわるや弱い者いじめよりも気持ちがいいことに気づかせる。

STEP2 ねらいから授業をつくる

①授業づくりのポイント

　子供たちは，いじわるはいけない，優しくすることはいいことだと分かっている。一方で，だれの心にもいじわるをして楽しい，面白いと感じる気持ちがあり，時にその気持ちは，優しさや思いやりの気持ちよりも強くなることがある。後ろめたい気持ちはあるものの，いじわるなどの悪をしてしまうことがあるのも事実である。しかし，そういった経験をふりかえり，反省させて，次からはしないと言わせることが，よい道徳の授業なのだろうか。それよりも，困らせたり，いじわるをしたりするよりも，優しくしたほうが，はるかにすっきりし，心が明るくなり，ずっといい気持ちになること，なぜいい気持ちになるのかに気づかせることが，優しくしたいという気持ちを高めることになると考える。

②中心発問を考える

　そのために，いじわるをした時と優しくした時の心情を比較することで，前よりもずっといい気持ちになった理由に気づかせることが有効であると考える。

中心発問ア	1回目に「えへん，へん。」と言った時，おおかみはどんなことを考えていたでしょう。
中心発問イ	2回目に「えへん，へん。」と言った時，おおかみはどんなことを考えていたでしょう。
中心発問ウ	どうして，前よりずっといい気持ちなのでしょう。

③中心発問を生かす補助発問を考える

　上記の中心発問の意図に沿って子供により深く考えさせるためには，次のような補助発問が有効であると考える。

中心発問アでより深く考えさせるための補助発問	
補助発問アー1	おおかみは，すごすごと戻るうさぎを見てどんなことを考えていたでしょう。
補助発問アー2	おおかみは，うさぎをすごすごと帰らせた自分のことをどう思っていますか。

中心発問イでより深く考えさせるための補助発問	
補助発問イー1	おおかみは，うさぎをそっと降ろした自分のことをどう思っていますか。

④中心発問に至る主発問を考える

　おおかみが変容したことを捉えさせるきっかけとして，次の発問を行う。

主発問2・3	くまの後ろ姿をいつまでも見ていたおおかみは，くまのことをどう思ったでしょう。また，自分のことをどう思ったでしょう。

	学習活動	発問と予想される子供の心の動き	指導上の留意事項
導入	○本時の課題を知る。	○「えへん，へん。」は，どんな時に言いますか。 ・いばる時。　　　・自慢したい時。 ・ほめてほしい時。　・自分に満足した時。	・動作化し，どんな時に使うかに気づかせ，おおかみの心情理解の手助けとする。
展開	○教材を読む。 ①いじわるを楽しんでいるおおかみの気持ちを考える。	○1回目に「えへん，へん。」と言った時，おおかみはどんなことを考えていたでしょう。 ・悪いことだけど，面白い。 ・うさぎは自分より弱いから，いじわるしてもいい。	・自分よりも弱いものにいばっているおおかみの自己満足に気づかせる。
	②くまの優しさに触れたおおかみの気持ちを考える。	○くまの後ろ姿をいつまでも見ていたおおかみは，くまに対して，どんなことを考えていたでしょう。 ・くまは，なぜ，だっこしてくれたのかな。 ・くまはすてきだな。すごい。優しいな。偉いな。 ・くまみたいになりたいな。	・くまの優しさに触れ，くまに憧れるおおかみの心情に共感させる。
	③くまの行動と自分の行動を比べるおおかみの気持ちを考える。	○くまの後ろ姿をいつまでも見ていたおおかみは，自分について，どんなことを考えていたでしょう。 ・自分は，優しくなかった。うさぎに悪かった。 ・みんなにいじわるをして悪かった。 ・いじわるして面白がっていて恥ずかしい。 ・全然，偉くも強くもなかった。最低だ。 ・情けない自分を変えたい。	・くまと自分を比べて，いじわるを楽しんでいた自分を情けなく思い，後悔していることに気づかせる。
	④優しくできたおおかみの気持ちを考える。	○2回目に「えへん，へん。」と言った時，おおかみはどんなことを考えていたでしょう。 ・いじわるよりも優しくすると楽しい，いい気持ち。 ・くまみたいに優しくできた。 ・うさぎも喜んでくれた。 ・またしたいな。	・優しくすることで自分自身がいい気持ちになることに気づかせる。
	⑤いじわるよりも優しくできたほうがいい気持ちになった理由を考える。	◎どうして，前よりずっといい気持ちなのでしょう。 ・優しくすると喜んでくれるから。 ・自分も相手もいい気持ちになるから。 ・くまみたいにいいことができたから。	・1回目と2回目を比べ，いじわるするよりも優しくするほうがいい気持ちになり，心から満足できることに気づかせる。
終末	○道徳ノートを書く。	○今日の学習で分かったことを書きましょう。	・今日の学習をふりかえらせることで，自分の学びを確認させる。

授業の実際

〈学習活動〉いじわるを楽しんでいるおおかみの気持ちを考える

> **発問**　1回目に「えへん，へん。」と言った時，おおかみはどんなことを考えていたでしょう。

C　いじわるするのって，面白いな。

C　うさぎが戻っていくの，面白い。偉くなった気がする。

T　偉くなったのですか？

C　自分のほうが強くて，偉い気がする。

C　うさぎに勝っている。

〈学習活動〉くまの優しさに触れたおおかみの気持ちを考える

> **発問**　くまの後ろ姿をいつまでも見ていたおおかみは，くまに対して，どんなことを考えていたでしょう。

C　くまは，なぜ，だっこしてくれたのかな。

T　何が不思議なのですか？

C　自分よりもずっと強いのに，いじわるしなかったこと。

T　くまにいじわるされると思っていたのですか？

C　そう。だって，くまは自分よりもすごく大きいから。今度は自分の番だって思ってた。

T　くまに優しくされて，おおかみはどう思ったのですか？

C　くまは，すごいな。優しいな。

C　くまみたいになりたいな。優しくしてみたい。

T　では，おおかみは，自分についてはどう思っていますか？

C　自分は優しくなかった。

C　うさぎにいじわるして，すごく悪かった。

T　いじわるして，前みたいに「えへん，へん。」ってしたいですか？

C　したくない。　C　できない。　C　無理。

T　どうしてできないのですか？

C　いじわるしていたことがはずかしい。　　C　くまみたいなほうがいい。

T　くまみたいになりたいのですか？

C　そう。くまみたいに優しくするほうがいい。　C　くまのまねがしたい。

〈学習活動〉優しくできたおおかみの気持ちを考える

> **発問**　2回目に「えへん，へん。」と言った時，おおかみはどんなことを考えていたでしょう。

C　いじわるよりも優しくすると楽しい，いい気持ちだ。やってよかった。
C　くまみたいに優しくできた。
T　くまみたいに優しくできて，どんな気持ちですか？
C　嬉しいし，やってよかった。
C　うさぎも喜んでくれたと思う。
C　今日は，だれも悲しませていない。
C　今日は，だれにも悪いことをしていない。
T　悪いことをしたと思いながら遊んでいる時は，どんな気持ちになるかな。
C　いやな気持ち。　C　楽しくない。

〈学習活動〉いじわるよりも優しくできたほうがいい気持ちになった理由を考える

> **発問**　どうして，前よりずっといい気持ちなのでしょう。

C　くまみたいにいいことができたから。
T　くまみたいにいいこととは，どんなことですか？
C　いじわるじゃなくて，優しくすること。
C　優しくすると喜んでくれるから。
T　だれが喜んでくれるのですか？
C　優しくした自分も，優しくされた相手も。

ねらいから見た評価のポイント

　本時の学習で子供一人一人にいじめや親切についての道徳性にどのような成長が見られたかどうかを評価するために、終末で「ワークシート」などに「今日の学習で分かったこと」を書かせる。そこに書かれていることから、子供の学習状況を見取り、それをどのように評価に反映させるかについてのポイントを示す。

◆本時の内容項目について子供がもともと分かっていたかどうか判断できないもの

> 　いじわるするのはだめで、やさしくするほうがいいことがわかりました。

　この子は、いじわるをしてはいけないことや、優しくするのがよいことは知っている。したがって、これだけでは道徳性に関わる成長が見られたかどうかを評価することができない。

◆教材について子供がもともと分かっていたかどうか判断できないもの

> 　うさぎにいじわるしたのはだめです。おおかみは、くまにやさしくされて、うさぎにやさしくしました。さいしょからしたらよかったです。

　この記述は、あらすじとその感想であり、道徳性に関わる成長であるとはいえないため、子供の道徳性に関わる成長が見られたかどうかを評価することができない。

◆本時のねらいについて子供が学んだと思われるもの

> 　やさしくされてうれしかったから、じぶんもやさしくしたら、いじわるよりもやさしくするほうが、うれしい気もちがたくさんになりました。

> 　おおかみは、うさぎにやさしくしていい気もちになりました。だれもほめてくれなかったけど、いじわるするよりも、やさしくするほうがいい気もちです。

　これらの記述からは、本時のねらいを理解することができたと評価することができる。これらは、教材を読んだだけでは気づかず、本時の学習を通さずに気づくことは困難であると考えるため、本時の学習の成果としての学びであると評価することができると考える。

（中山　真樹）

友情，信頼【第1学年及び第2学年　B－（9）】

およげない　りすさん

STEP1　具体的なねらいを設定する

①教材（およげない　りすさん）の概要

　あひるさんとかめさんと白鳥さんは，池の中にある島に行った。りすさんは泳げないのでつれて行かなかった。島にはいろいろな遊具があったが、3匹は少しも楽しくない。次の日は，かめさんの背中に乗ったりすさんをかこんで，みんなで島へ行った。その時の4匹はニコニコしている。

②子供にとって分かっていること，気づかせたいことから具体的なねらいまで

子供にとって分かっていること

内容項目について分かっていること	教材について分かっていること
・友達を仲間はずれにしてはいけない。 ・仲間はずれにされた人は悲しい。 ・みんなで仲良く遊ぶほうがよい。 ・友達は，みんな仲良くしなければならない。 ・みんなが，遊べるようにしなければならない。	・自分一人だけ島に行けないりすさんはさびしい。 ・一人だけつれて行ってもらえないりすさんがかわいそう。 ・りすさんもいっしょに，みんなで行くか，みんなで行かないかしたほうがよい。

子供に気づかせたいこと

・友達を仲間はずれにして遊ぶと，その友達のことが気になる。
・友達を仲間はずれにして遊んでも本当に楽しくはない。
・だれも仲間はずれにしないで，みんなで遊ぶほうが楽しい。

具体的なねらい

　友達の中のだれかを仲間はずれにして遊んでも，その子のことが気になって本当に楽しい気持ちにはなれない。それよりもだれも仲間はずれにしないで，みんなで遊んだほうが楽しいことに気づかせる。

①授業づくりのポイント

　子供たちは，友達を大切にしなければならないことや，友達と仲良くすべきことは分かっている。もちろん，分かっていても，現実にはできないこともある。だからといって，できていない自分を自覚させて，少しでもできるように心がけさせる指導でよいのだろうか。そういう指導にも意味があるかもしれないが，それよりも大切なことは，仲良くすることの意味，つまり，本教材の中のりすさん一人を残して遊んでいる時に感じる後ろめたさや，そこにある罪悪感が，遊びの楽しさを阻害すること，反対にりすさんも入れてみんなで遊ぶことが，正義感や自己肯定感を満たし，気持ちよく遊べることに気づかせることであると考える。

②中心発問を考える

　そのことに気づかせるために，次の二つの発問を通して考えさせるとともに，二つの気持ちを比較させることが有効であると考える。

中心発問ア	島には，すべり台やぶらんこなど楽しい遊具があるのに，3匹が少しも楽しくないのはどうしてでしょう。
中心発問イ	（挿絵を用いて）りすさんだけでなく，あひるさん，かめさん，白鳥さんもみんながニコニコしているのはどうしてでしょう。

③中心発問を生かす補助発問を考える

　上記の中心発問の意図に沿って子供により深く考えさせるためには，次のような補助発問が有効であると考える。

中心発問アでより深く考えさせるための補助発問	
補助発問アー1	その時，3匹はりすさんについて，どんなことを考えているのでしょう。
補助発問アー2	楽しくない3匹は，本当はどうすればよいと思っていたのでしょう。

中心発問イでより深く考えさせるための補助発問	
補助発問イー1	りすさんは，昨日は島につれて行ってもらえませんでしたが，今日はつれて行ってもらえましたね。どんな気持ちでしょうか？
補助発問イー2	あひるさん，かめさん，白鳥さんは，昨日も島に行ったから2回目ですね。2回目なのに，昨日よりも楽しそうですね。どうしてでしょう。

④中心発問に至る主発問を考える

　中心発問アで3匹の後ろめたさを捉えさせるためには，自分だけつれて行ってもらえなかったりすさんの，さびしさや辛さを理解させておく必要がある。

　主発問1　ひとりぼっちになって，家に帰るりすさんはどんなことを思っているでしょう。

学習指導過程

	学習活動	発問と予想される子供の心の動き	指導上の留意事項
導入	○本時の課題を知る。	○今日は「友達と仲良くすること」について考えましょう。	・ねらいへの方向付けを行う。
展開	○教材を読む。 ①家に帰るりすさんの気持ちを考える。	○ひとりぼっちで家に帰るりすさんは，どんなことを思っているでしょう。 ・みんながうらやましい。 ・ぼくも行きたかった。 ・つれて行ってくれればいいのに。	・一人だけ仲間に入れてもらえなかったりすさんのさびしさや辛さを捉えさせる。
	②島で遊ぶ3匹の気持ちを考える。	○島には楽しい遊具があるのに，3匹が少しも楽しくないのはどうしてでしょう。 ・りすさんに悪いと思っているから。 ・りすさんは今何をしているのか考えて，気になっているから。 ・りすさんもつれてくればよかったと後悔している。	・りすさんをひとりぼっちにしてしまったことが気になって楽しく遊べないことを理解させる。
	③みんなで島に行く時の気持ちを考える。	○りすさんといっしょに島に行くみんなはニコニコしていますね。どうして，ニコニコしているのでしょう。 ・りすさんもいたほうが楽しいから。 ・みんなで遊ぶことができるから。 ・りすさんも喜んでいるから。 ・だれも悲しくないから。	・りすさんをひとりぼっちにしないで，みんなで遊ぶことができる気持ちよさ，すがすがしさ，楽しさに気づかせる。
	④昨日よりも今日のほうが楽しく思える理由を考える。	○3匹が，昨日よりも今日のほうが楽しく思えるのはどうしてでしょう。 ・りすさんを悲しませていないから。 ・仲間はずれをしなかったから。 ・りすさんに優しくできたから。	・だれも仲間はずれにしないことが自分の良心に沿ったことであり，自己肯定感にもつながった喜びであることを理解させる。
終末	○道徳ノートを書く。	○今日の学習で分かったことを書きましょう。	・今日の学習をふりかえらせることで，自分の学びを確認させる。

〈学習活動〉家に帰るりすさんの気持ちを考える

> **発問** ひとりぼっちで家に帰るりすさんは，どんなことを思っているでしょう。

C　みんながうらやましい。

C　ぼくもつれて行ってほしかった。

C　泳ぐ練習をしよう。

T　りすさんは，そんなことを思っているのですね。そんなりすさんのことをどう思いますか？

C　かわいそう。

C　一人だけ，遊べないなんてかわいそう。

〈学習活動〉島で遊ぶ３匹の気持ちを考える

> **発問** 島には楽しい遊具があるのに，３匹が少しも楽しくないのはどうしてでしょう。

C　りすさんに悪いと思っているから。

T　りすさんのことを考えているのですね。どんなことを考えているのでしょう。

C　りすさん，今ごろ何をしているかな。

C　ひとりぼっちでさびしいだろうな。怒っているかな。

T　３匹は，本当はどうすればよいと思っていたのですか？

C　本当は，りすさんもつれてきてあげればよかった。

C　りすさんは島に行けないから，向こうで遊べばよかった。

T　では，３匹は自分たちのことをどう思っているのでしょうね。

C　優しくない。　C　いじわるだ。

T　いい友達だと思っているかな。

C　思っていない。悪い友達だと思っている。

〈学習活動〉みんなで島に行く時の気持ちを考える

> **発問** りすさんといっしょに島に行くみんなはニコニコしていますね。どうして，ニコニコしているのでしょう。

C　りすさんもいっしょだから。

C　りすさんが喜んでいるから。

T　りすさんは昨日は行けなかったけど，今日は島に行けるのでどんな気持ちかな。どんなことを考えているかな。

C　嬉しい。　　C　みんな，ありがとう。　　C　みんな大好き。

T　初めて島に行けてりすさんは，とっても嬉しいでしょうね。でも，あひるさん，かめさん，白鳥さんは，昨日も行ったから2回目ですね。2回目なのに，昨日よりも楽しそうですね。どうして楽しいのでしょう。

C　りすさんもいたほうが楽しいから。　　C　みんなで遊ぶことができるから。

C　りすさんが，悲しくないから。

〈学習活動〉昨日よりも今日のほうが楽しく思える理由を考える

> **発問**　3匹が，昨日よりも今日のほうが楽しく思えるのはどうしてでしょう。

C　昨日はりすさんが楽しくなかったけど，今日はりすさんも楽しいから。

C　昨日は，りすさんがいなかったけど，今日はみんなで遊べるから楽しい。

T　りすさんがいなかったら楽しくないのはどうしてですか？

C　りすさんも友達なのに，つれて行ってあげられないから。

C　昨日は，りすさんに悪いことをしたと思って楽しくなかったけど，今日は，りすさんにいいことをしたから楽しい。

T　今日は楽しそうですね。どうして楽しいのでしょう？

C　昨日は，りすさんを悲しませてしまったけど，今日は喜ばすことができたから。

C　今日は，だれも悲しませていないから。

C　今日は，だれにも悪いことをしていないから。

T　悪いことをしたと思いながら遊んでいる時は，どんな気持ちになるかな。

C　いやな気持ち。　　C　楽しくない。

ねらいから見た評価のポイント

　本時の学習から，子供一人一人に友達を仲間はずれにすることについてどのような成長が見られたかどうかを評価するために，終末で「道徳ノート」に「今日の学習で分かったこと」を書かせる。そこに書かれていることから，子供がこの1時間で何を学んだのか，学んだと考えているのかを見取り，それをどのように評価に反映させるかについてのポイントを示す。

◆**本時の内容項目について子供がもともと分かっていたかどうか判断できないもの**

> 　だれもなかまはずれにしてはいけないとおもいます。ともだちはみんなでなかよくあそばないといけないことがわかりました。

　子供たちは仲間はずれがいけないことは知っている。したがって，このノートに書かれていることは，本時の学習によって知ったのか，もともと知っていたのかを区別することができないため，これだけでは道徳性に関わる成長が見られたかどうかを評価することができない。

◆**教材について子供がもともと分かっていたかどうか判断できないもの**

> 　りすさんだけをおいて，みんなでしまにいったらりすさんがかなしいきもちになるとおもいます。りすさんもいっしょにあそんだほうがいいということがわかりました。

　このノートに書かれていることは，本時の学習がなくても教材を読んだだけで分かると思われるため，子供の道徳性に関わる成長が見られたかどうかを評価することができない。

◆**本時のねらいについて子供が学んだと思われるもの**

> 　りすさんだけをおいてみんなでしまにいっても，りすさんのことがきになってたのしくありません。それよりも，ぜんいんであそんだほうがみんなたのしいきもちになることがわかりました。

> 　だれかをなかまはずれにしてあそんだら，そのこにわるいことをしたとおもってたのしくあそぶことはできません。なかまはずれにしなかったら，みんながたのしくあそべることがわかりました。

　これらのノートからは，本時のねらいを理解することができたと評価することができる。これらは，1年生の子どもにとっては，本時の学習を通さずに気づくことは困難であると考えるため，本時の学習の成果としての学びであると評価することができると考える。　（服部　敬一）

正直，誠実【第１学年及び第２学年　A−（2）】

さるへいと　立てふだ

STEP1　具体的なねらいを設定する

①教材（さるへいと　立てふだ）の概要

　さるへいは，かきのみをとられたくなくて，「これは，しぶがき，たべられません。」と立てふだを立てた。すると，そばに「うそをかいてはいけません。」と書かれる。「このかきの木のもちぬしはさるへい。」と書くと，「ほしいかたは，えんりょなくとってたべてください。」と書かれる。そこへさるたちがやってくる。さるへいは，かきは少ししか食べられなかったが，たくさんの友達ができた。

②子供にとって分かっていること，気づかせたいことから具体的なねらいまで

子供にとって分かっていること

内容項目について分かっていること	教材について分かっていること
・嘘やごまかしはいけない。 ・いけないことをした時は，素直に認める。 ・正直でいると，伸び伸びと生活できる。	・さるへいが自分勝手な嘘を書いたから立てふだのそばに，「うそをかいてはいけません。」と書かれた。 ・「さあさあ，どっさりたべてくれたまえ。」と友達に優しくしたら，たくさんの新しい友達ができた。

子供に気づかせたいこと

・自分勝手な嘘は「悪い嘘」だ。
・相手のことを思った嘘は，「よい嘘」だ。

具体的なねらい

　嘘をつく意味に着目させて，「よい嘘」と「悪い嘘」の違いについて考えることを通して，自分勝手な嘘はいけないことを理解させる。

①授業づくりのポイント

　子供たちは，嘘をついたり，ごまかしたりしてはいけないことは分かっている。自分勝手な嘘は，相手にいやな思いをさせる。しかし，相手を思いやる嘘はどうなのだろうか。「よい嘘」と「悪い嘘」の違いについて考えさせ，自分勝手な嘘はいけないが，相手のことを思いやるよい嘘もあることを理解させる。このことを通して，「嘘＝悪」「正直＝善」というステレオタイプの考え方から，少しだけ理由に目を向けさせたいと考えている。

②中心発問を考える

　「よい嘘」と「悪い嘘」に気づかせるために，次の発問を通して考えさせる。

中心発問	はじめの（立てふだの）嘘と，後の嘘，どちらも嘘ですね。はじめの嘘では「うそはいけません」と書かれたのに，後の嘘では「うそはいけません。」と言われませんでしたね。どうしてでしょう。

③中心発問を生かす補助発問を考える

　上記の中心発問の意図に沿って子供により深く考えさせるためには，次のような補助発問が有効であると考える。

中心発問でより深く考えさせるための補助発問	
補助発問－1	この二つの嘘は，何が違うのでしょう。
補助発問－2	後の嘘は，どういうところがよいのでしょう。

④中心発問に至る主発問を考える

　中心発問で二つの嘘の違いを考えさせるためには，二つの嘘をついた時のさるへいの気持ちを押さえておく必要がある。

主発問1	さるへいが，「これは，しぶがき，たべられません。」と書いたのはどうしてでしょう。
主発問3	「さあさあ，どっさりたべてくれたまえ。」と言ったけれど，これはさるへいの本当の気持ちでしょうか。それとも嘘の気持ちでしょうか。

	学習活動	発問と予想される子供の心の動き	指導上の留意事項
導入	○本時の課題を知る。	○今日は「いろいろな嘘」について考えましょう。	・ねらいへの方向付けを行う。
展開	○教材を読む ①さるへいが，なぜ立てふだを立てたのかを考える。	○さるへいが，「これは，しぶがき，たべられません。」と書いたのはどうしてでしょう。 ・一人で食べたいから。 ・だれにもあげたくないから。 ・かきを食べられたくない。	・さるへいのこの嘘は，自分勝手な嘘であることを理解させる。
	②立てふだを見たさるたちが来た時のさるへいの気持ちを考える。	○さるたちが来た時に，さるへいが，しぶい顔をしたのはどうしてでしょう。 ・かきをあげたくないから。 ・さるたちがたくさんやってきたから。 ・さるへいは，立てふだに「嘘」を書いていたから。	・さるへいが，かきをひとりじめしたいと思っていることを押さえ，次の発問につなげる。
	③さるたちに言った言葉について考える。	○「さあさあ，どっさりたべてくれたまえ。」と言ったけれど，これはさるへいの本当の気持ちでしょうか。それとも嘘の気持ちでしょうか。 ・本当の気持ちではない。 ・嘘。	・さるへいの言葉は本当の気持ちではない（嘘である）ことを捉えさせる。
	④はじめの嘘と，後の嘘の違いについて考える。	○はじめの（立てふだの）嘘と，後の嘘，どちらも嘘ですね。なのに，後の嘘では「うそはいけません。」と言われなかったのはどうしてでしょう。二つの嘘は，何が違うのでしょう。 ・はじめの嘘は，自分のための嘘。 ・悪い嘘。 ・後の嘘は友達のための嘘。 ・友達がいい気持ちになる嘘。	・自分勝手な「悪い嘘」と，人を思いやる「よい嘘」について，その理由，嘘をつく意味に着目して考えさせる。
終末	○道徳ノートを書く。	○今日の学習で分かったことを書きましょう。	・今日の学習をふりかえらせることで，自分の学びを確認させる。

授業の実際

〈学習活動〉さるへいが，なぜ立てふだを立てたのかを考える

> **発問** さるへいが，「これは，しぶがき，たべられません。」と書いたのはどうしてでしょう。

C 一人で食べたいから。

C だれにもあげたくないから。

T その時，さるへいはどんな気持ちで書いたのでしょう？

C かきを食べられたくない。

C みんなに食べられるのがいや。

C 一人で，かきをいっぱい食べようと思っていたから。

〈学習活動〉立てふだを見たさるたちが来た時のさるへいの気持ちを考える

> **発問** さるたちが来た時に，さるへいが，しぶい顔をしたのはどうしてでしょう。

C かきを食べられてしまう。

C かきをあげたくなかったから。

C さるたちがたくさんやって来たから。

T さるへいが，さるたちに「かきをとらないで。」と言えなかったのは，どうしてでしょうか？

C さるへいは，立てふだに「嘘」を書いていたから。

C 「嘘」を書いたのが，さるたちに分かってしまうから。

C みんなから，ケチだと思われてしまうから。

T はじめの立てふだに書いたことは，「嘘」ですか「本当」ですか？

C さるへいは，はじめの立てふだに「嘘」を書いていた。

C かきをみんなに食べられたくなかったから嘘を書いた。

〈学習活動〉さるたちに言った言葉について考える

> **発問** 「さあさあ，どっさりたべてくれたまえ。」と言ったけれど，これはさるへいの本当の気持ちでしょうか。それとも嘘の気持ちでしょうか。

C 嘘の気持ち。

C 本当の気持ちではない。

C かきを食べられたくないけど，言えなかっただけ。

〈学習活動〉はじめの嘘と，後の嘘の違いについて考える

> **発問** はじめの（立てふだの）嘘と，後の嘘，どちらも嘘ですね。なのに，後の嘘では「うそはいけません。」と言われなかったのはどうしてでしょう。二つの嘘は，何が違うのでしょう。

C　はじめの嘘は，自分のための嘘。

C　はじめは，悪い嘘。

C　後の嘘は，友達も自分も食べられる。

C　後の嘘は，友達ができるいい嘘。

C　いい嘘。

C　友達のための嘘。

C　友達が，いい気持ちになる嘘。

C　さるへいは本当は，友達にあげたくない。

T　二つの嘘は，何が違うのでしょう？

C　はじめの嘘は自分勝手な嘘。

C　はじめは悪い嘘だけど，後はいい嘘。

C　後の嘘は，正しいことを言っている。

C　後の嘘は，いいことを言っている。

C　後の嘘は，ついてもいい嘘。

C　後の嘘は，みんなのためになると思っている嘘。

C　後の嘘は，みんなにとっていい嘘。

ねらいから見た評価のポイント

　本時の学習から，子供一人一人に道徳性に関わるどのような成長が見られたかどうかを評価するために，終末で「道徳ノート」に「今日の学習で分かったこと」を書かせる。そこに書かれている嘘はいけないという考えから，子供がこの1時間で何を学んだのか，学んだと考えているのかを見取り，それをどのように評価に反映させるかについてのポイントを示す。

◆本時の内容項目について子供がもともと分かっていたかどうか判断できないもの

> 　今日べんきょうしてわかったことは，ぜったいにわるいうそをついてはいけないとわかりました。うそをついたら，人がきずつくからです。

　嘘をついてはいけないことは，3年生の子供であれば本時の学習がなくても書くことができるため，これだけでは道徳性に関わる成長が見られたかどうかを評価することができない。

◆教材について子供がもともと分かっていたかどうか判断できないもの

> 　わたしが，今日べんきょうしてこころにのこったところは，さるへいがさるたちに，かきをあげたところです。

　この子は，さるへいがさるたちにかきをあげたことをよいと感じたのであろうが，それは，もともとそうすることがよいと思っていたのかもしれないので評価することができない。

◆本時のねらいについて子供が学んだと思われるもの

> 　今日べんきょうして，うそは，わるいこととはわかっていたけど，わるいうそといいうそがあることがわかりました。わるいうそは自分かってなうそで，いいうそは人の気もちを考えているうそです。

> 　いいうそは自分もまわりの人もいい気もちになるけれど，わるいうそは，いい気もちにならないことがわかりました。

　これらのノートからは，本時のねらいを理解することができたと評価することができる。

（中澤　佐知）

規則の尊重【第1学年及び第2学年　C－（10）】

きいろい　ベンチ

STEP1　具体的なねらいを設定する

①教材（きいろい　ベンチ）の概要

　降り続いていた雨が上がり，たかしとてつおは，近くの公園へ紙飛行機を飛ばしに行った。泥だらけの靴で黄色いベンチの上に乗り，何度も夢中で飛ばした。疲れた二人がぶらんこで遊んでいると，女の子とおばあさんがやってきた。女の子がベンチに座るとスカートに泥がついてしまった。それを見た二人は，はっとして顔を見合わせた。

②子供にとって分かっていること，気づかせたいことから具体的なねらいまで

子供にとって分かっていること

内容項目について分かっていること	教材について分かっていること
・みんなが使う物は大切にしなければならない。 ・みんなが使う場所では，他の人に迷惑をかけないようにしなければならない。 ・迷惑をかけられた人はいやな気持ちになる。 ・約束やきまりは守らなければならない。	・靴のままベンチの上に乗ることはよくない。 ・どろどろの靴でベンチの上に立つと汚してしまい，他の人が使えなくなるかもしれない。 ・スカートが泥だらけになってしまった女の子とおばあさんは，いやな気持ちになっている。

子供に気づかせたいこと

　人に迷惑をかけることはよくないと分かっていても，
　・何かに夢中になると，自分たちのことしか考えられなくなることがある。
　・何かに夢中になると，他の人に迷惑をかけやすくなる。

具体的なねらい

　みんなで使う場所では，他の人に迷惑をかけないようにしなければならないことは知っていても，だれでも何かに夢中になると忘れてしまって迷惑をかけやすくなることに気づかせる。

STEP2　ねらいから授業をつくる

①授業づくりのポイント

　子供たちは，みんなが使う場所や物（公共施設や公共物）は大事に使わなければならないことは知っている。他の人に迷惑をかけないために，約束やきまり，マナーを守って行動することが大切だとも分かっている。しかし，ついつい約束やきまりを忘れてしまったり，分かっていてもそれよりも優先したい物事があって破ってしまったりすることがある。特に，自分がしたいことをしている時や，何かに夢中になっている時にそのようなことが起こりやすい。本教材では，公共の場では他の人に迷惑をかけないようにすることの大切さを教えるのではなく，たかしとてつおに自分を重ねて考えながら，何かに夢中になると人に迷惑をかけやすくなるということに気づかせる。

②中心発問を考える

　そのことに気づかせるために，次の発問をすることが有効であると考える。

中心発問	私たちは，何かに夢中になると，どんなことになりやすいですか。

③中心発問を生かす補助発問を考える

　上記の中心発問の意図に沿って子供により深く考えさせるためには，次のような各補助発問が必要である。

中心発問でより深く考えさせるための補助発問	
補助発問1	なぜ，そうなりやすいのですか。
補助発問2	では，何かに夢中になった時は，どんなことに気をつけたほうがよいですか。

④中心発問に至る主発問を考える

　中心発問を生かすためには，二人に悪意がなかったこと，つまり女の子のスカートを汚すつもりなどなかったことを捉えさせておく必要がある。そこで，次の一連の発問を行う。

導入	みんなで使う場所では，どんなことに気をつけなければならないでしょうか。
主発問1	二人は，どうしてベンチの上に乗ったのでしょうか。
主発問2	「はっ」として顔を見合わせた二人はどんなことを思ったでしょうか。
	○女の子のスカートを汚したかったのでしょうか。
主発問3	ベンチも女の子のスカートも汚したくはなかったのに，どろどろの靴でベンチに乗ってしまったのはどうしてでしょうか。

	学習活動	発問と予想される子供の心の動き	指導上の留意事項
導入	○本時の課題について考える。	○みんなで使う場所では，どんなことに気をつけなければならないでしょうか。 ・他の人に迷惑をかけない。 ・きまりを守る。 ・他の人のことも考える。	・ねらいへの方向付けを行う。
展開	○教材を読む ①ベンチの上から紙飛行機を飛ばしている二人の気持ちを考える。 ②顔を見合わせた二人の気持ちを考える。 ③どろどろの靴でベンチに乗ってしまった理由を考える。 ④何かに夢中になる時の私たちについて考える。	○二人は，どうしてベンチの上に乗ったのでしょうか。 ・高いところから飛ばしたかったから。 ・ベンチの上から飛ばすと遠くまで飛ぶから。 ・ベンチの上で飛ばすと楽しそうだから。 ○「はっ」として顔を見合わせた二人はどんなことを思ったでしょうか。 ・ぼくたちのせいでベンチが汚れてしまった。 ・おばあさんに怒られるかもしれない。 ・女の子に謝らないといけない。 ○女の子のスカートを汚したかったのだろうか。 ・汚したくはなかった。 ○ベンチも女の子のスカートも汚したくはなかったのに，どろどろの靴でベンチに乗ってしまったのはどうしてでしょうか。 ・紙飛行機を飛ばすことが楽しかったから。 ・紙飛行機のことしか考えていなかったから。 ・遊びに夢中になっていたから。 ○何かに夢中になると，どんなことになりやすいですか。 ・他の人に迷惑をかけてしまう。 ・いつもはだめだと分かっていることを忘れてしまう。 ・自分が悪いことをしていると気づかない。	・ベンチを汚そうと思ったわけではなく，紙飛行機を飛ばすことに夢中になっている気持ちを捉えさせておく。 ・迷惑をかけてしまったことに気づいた時の，後ろめたさや恥ずかしさを捉えさせ，女の子のスカートを汚そうと思っていたわけではないことに気づかせる。 ・紙飛行機を飛ばすことに夢中で，自分が悪いことをしていると気づかなかったことを理解させる。 ・何かに夢中になっている時は，自分が悪いこと（してはいけないこと）をしていると気づかず，他人に迷惑をかけやすくなることを理解させる。
終末	○道徳ノートを書く。	○今日の学習で分かったことを書きましょう。	・今日の学習をふりかえらせることで，自分の学びを確認させる。

授業の実際

〈学習活動〉ベンチの上から紙飛行機を飛ばしている二人の気持ちを考える

> **発問** 二人は，どうしてベンチの上に乗ったのでしょうか。

C　紙飛行機を遠くまで飛ばしたかったから。

C　高いところから飛ばすほうが楽しそうだから。

C　せっかく作った紙飛行機が，どこまで飛ぶのか見てみたかったから。

T　楽しそうだと思ったのですね。では，ベンチを汚してよいと思っていたのでしょうか。

C　思っていない。

T　思っていないのに，どうしてベンチの上に乗ったのですか。

C　ベンチを汚してしまうことは考えていなかった。

〈学習活動〉顔を見合わせた二人の気持ちを考える

> **発問** 「はっ」として顔を見合わせた二人はどんなことを思ったでしょうか。

C　ベンチが泥だらけなのは，ぼくたちのせいだ。

C　靴でベンチに乗ったらいけなかったな。

C　おばあさんに怒られるかもしれない。

T　どうしておばあさんに怒られると思うのですか。

C　女の子のスカートが汚れてしまったから。

T　泥だらけになってしまいましたね。女の子のスカートを汚してしまったことをどう思っているのでしょう。

C　悪かったと思っている。

C　女の子に迷惑をかけてしまった。

C　わざとじゃないけど，汚してしまったから謝りたい。

T　女の子のスカートを，汚そうと思って汚したわけではないのですね。

C達（うなずく）

〈学習活動〉どろどろの靴でベンチに乗ってしまった理由を考える

> **発問** ベンチも女の子のスカートも汚したくはなかったのに，どろどろの靴でベンチに乗ってしまったのはどうしてでしょうか。

C　紙飛行機で遊んでいたから。

C　紙飛行機を飛ばすのが楽しくて，忘れてしまっていた。

T　何を忘れてしまっていたのですか。

C　どろどろの靴でベンチに乗ったらいけないこと。

T　だめだと分かっていたのに，してしまったということですか。

C　紙飛行機を飛ばすことに夢中で，紙飛行機のことしか考えていなかった。

C　いつもは他の人のことも考えられるけど，楽しくて自分のことしか考えていなかった。

C　どろどろの靴でベンチに乗ったらどうなるかなんて，考えていなかった。

T　二人は紙飛行機を飛ばすことに夢中になっていたのですね。

〈学習活動〉何かに夢中になる時の私たちについて考える

> **発問**　何かに夢中になると，どんなことになりやすいですか。

C　自分たちのことしか考えられなくなる。

C　したらいけないことをしてしまう。

C　いつもはだめだと分かっていることも，してしまう。

C　夢中になってしまって，自分がしてはいけないことをしていると気づかない。

T　わざと悪いことをしようと思っているわけではないのですか。

C　違う。でも，忘れてしまうことがある。

C　忘れてしまうから，他の人にも迷惑をかけやすくなってしまう。

T　では，何かに夢中になった時は，どんなことに気をつけたほうがよいですか。

C　他の人に迷惑をかけないように気をつける。

C　他の人のことも考える。

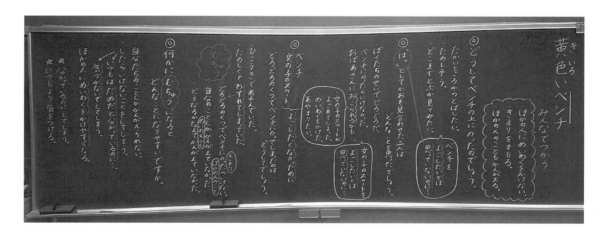

52

ねらいから見た評価のポイント

　本時の学習の終末で子供に書かせたことから，「今日の学習で分かったこと」，みんなの物を大切にすることについてこの1時間で何を学んだのか，学んだと考えているのかを見取り，それをどのように評価に反映させるかについてのポイントを示す。

◆本時の内容項目について子供がもともと分かっていたかどうか判断できないもの

> 　みんながつかうものは，ほかの人にめいわくをかけないように，大切につかわないといけないことが分かりました。

　このノートに書かれているみんなの物は大切に使わないといけないことは，本時の学習によって知ったのか，もともと知っていたのか区別することができないため，これだけでは，みんなが使う場所での過ごし方について道徳性に関わる成長が見られたかどうかを評価することができない。

◆教材について子供がもともと分かっていたかどうか判断できないもの

> 　どろどろのくつでベンチにのると，そのあとにベンチをつかう人のふくがよごれてしまって，いやな気もちになります。だから，ベンチの上にのったらいけないことが分かりました。

　子供たちは，ベンチを汚してはいけないと分かっている。したがって，このノートに書かれていることは，本時の学習がなくても分かったかどうかを判断することができない。

◆本時のねらいについて子供が学んだと思われるもの

> 　何かにむちゅうになっているときは，自分のことしか考えられなくなることがあります。だから，ほかの人にめいわくをかけやすくなってしまうと分かりました。

> 　だめだと分かっていても，あそびにむちゅうになっていると，わすれてしまうことがあると分かりました。だから，むちゅうになっているときは，気をつけないといけないと思いました。

　これらのノートからは，本時のねらいを理解することができたと評価することができる。2年生の子どもにとって，本時の学習を通さずにこれらのことには気づきにくいと考える。つまり，本時の学習の成果としての学びであると評価することができると考える。

（永井　さやか）

第３学年	正直，誠実【第３学年及び第４学年　Ａ－（2）】

まどガラスと魚

STEP1　具体的なねらいを設定する

①教材（まどガラスと魚）の概要

　本教材は，窓ガラスを割って逃げてしまった主人公の千一郎が，本当は正直に言って，きちんと謝りたいと思いながらも，なかなかできないで苦しんでいた。その日の夕方に近所のお姉さんの誠実な行動に自分を省みて，正直に自分の過ちを告白するという話である。

②子供にとって分かっていること，気づかせたいことから具体的なねらいまで

子供にとって分かっていること

内容項目について分かっていること	教材について分かっていること
・過ちや失敗はだれにでもある。 ・嘘をついてはいけない。 ・過ちをごまかしてはいけない。 ・過ちを犯したら，正直に謝らなくてはいけない。	・千一郎が正直に謝ったので，おじいさんが許してくれた。 ・謝らなければという気持ちと，怒られるのはいやだという気持ちの狭間で葛藤している。 ・正直に謝ったらすっきりする。

子供に気づかせたいこと

・過ちを犯した時には，それを素直に認めることができずに正直になれないと，とても苦しい気持ちになる。
・嘘がばれなかったとしても，ごまかしは自分をも偽ることになり，それは，自分自身を苦しくする。
・たとえ怒られたとしても，正直になることは，ごまかし続けている時の苦しさに比べて自分の心が晴れる。

具体的なねらい

　私たちは，過ちを犯した時には，それを素直に認めるべきだと考えている。しかし，叱られたくないなどの理由からそれができない場合，自分自身がとても苦しい気持ちになることに気づかせる。

STEP2　ねらいから授業をつくる

①授業づくりのポイント

　子供たちは，正直にならなければならないことや，嘘はいけないことだと分かっている。しかし，嘘をつかない人はおそらくいないだろう。したがって，できていない自分を自覚させて，嘘はいけないという指導に意味があるのだろうか。本教材は，過ちを犯した時に逃げてしまったことで，とても苦しい気持ちになることに気づかせたい。そして，嘘がばれなかったとしても，ごまかしは自分をも偽ることになり，不快な感情をもち続けることになることにも気づかせていく。さらには，たとえ怒られたとしても，正直になることで，自分の心が晴れることに気づかせたい。

②中心発問を考える

　そのことに気づかせるために，次の二つの発問を通して考えさせながら，謝らなればいけないが，言えない苦しさに気づかせていく。

中心発問ア	千一郎が，できれば忘れたいと思っているのに，わざわざ遠回りしてその家の前を何度も通ったのはなぜですか。
中心発問イ	お姉さんが持って来たアジの干物の目に睨まれたように思ったのはなぜでしょうか。

③中心発問を生かす補助発問を考える

　上記の中心発問の意図に沿って子供により深く考えさせるためには，次のような補助発問が有効であると考える。

中心発問アでより深く考えさせるための補助発問	
補助発問ア	どんな気持ちがあるから，何度も通ったのでしょう。

中心発問イでより深く考えさせるための補助発問	
補助発問イ－1	絶対にばれない場合であれば，千一郎はそんな気持ちにならなかったでしょうか。
補助発問イ－2	絶対にばれない場合であっても，千一郎の心が重くなるのはどうしてでしょう。

④中心発問に至る主発問を考える

　本時は，中心発問アとイが主であるため，それに至る主発問は用意していないが，子供たちは中心発問を理解できると考える。

学習指導過程

	学習活動	発問と予想される子供の心の動き	指導上の留意事項
導入	○本時の課題を知る。	○今日は「正直であることの大切さや難しさ」について考えましょう。	・ねらいへの方向付けを行う。
展開	○教材を読む。 ①千一郎が，遠回りして，家の前を通った理由を考える。	◎千一郎が，できれば忘れたいと思っているのに，わざわざ遠回りして，その家の前を何度も通ったのはなぜですか。 ・自分がやったことだから，何とかしなきゃ。 ・謝ろうという気持ちと怒られるかもという気持ちが交互にきている。どうしよう。 ・割られた人はどんな気持ちなんだろう。	・逃げてはいけないと分かっているのについ逃げてしまったということを捉えさせる。 ・謝らなくてはいけないと思っていながらも，言えない気持ちの苦しさを捉えさせる。
	②お姉さんが持って来たアジの干物の目に睨まれたように思った理由を考える。	◎お姉さんが持って来たアジの干物の目に睨まれたように思ったのはなぜでしょうか。 ・お姉さんは謝っているじゃないか。 ・他の人にばれているんじゃないか。	・睨んでいないのに睨んでいるように思えたのは，自分に後ろめたさがあることに気づかせる。
	③絶対にばれない場合であれば，千一郎の気持ちは謝ろうとしたかを考える。	○絶対にばれない場合であれば，千一郎はそんな気持ちにならなかったでしょうか。 ・誰かは見ている。 ・自分のやったことは消えない。 ・ずっとモヤモヤが続く。	・本当は正直になりたいと思っているのにできない苦しさを理解させる。
	④謝ることを決心した千一郎の心の中を想像する。	○おじいさんのところに謝りに行くことを決めた千一郎の心は，どのようになっていったのでしょうか。 ・楽になった。 ・これで苦しい気持ちにならなくて済む。 ・怒られるかもしれないけどすっきりする。	・正直になることは，やましい気持ちになることもなく，心がすっきりと晴れることに気づかせる。
終末	○道徳ノートを書く。	○今日の学習で分かったことを書きましょう。	・今日の学習をふりかえらせることで，自分の学びを確認させる。

〈学習活動〉千一郎が，遠回りして，家の前を通った理由を考える

> **発問** 千一郎が，できれば忘れたいと思っているのに，わざわざ遠回りして，その家の前を何度も通ったのはなぜですか。

C 忘れたいのに，忘れられない。

C 割ったのに逃げてしまったから後悔している。

T どんな気持ちがあるから，何度も通ったのかな。

C 自分がやってしまった。

T そうだよね。他にどう考えたかな。

C 気になって仕方がない。

T 何が？

C 悪いことをしてしまった。

C 本当は謝りたい気持ちがどこかにあるとは思う。

C 家の人は困っていると思う。

C 謝りたいけど，謝れない。でも，気になるから。

〈学習活動〉お姉さんが持って来たアジの干物の目に睨まれたように思った理由を考える

> **発問** お姉さんが持って来たアジの干物の目に睨まれたように思ったのはなぜでしょうか。

T 干物だから睨まないですよね。なぜ睨まれていると思ったのでしょうか？

C 自分が悪いことをしているのに，謝っていないのを見られているように感じたから。

C アジに謝りに行ってこいと言われている気がした。

C 本当は謝りたい気持ちがあるのに，それができない自分がだめだと思う。

C もしかすると自分が割ったことがばれるかも知れない。

C ばれたらどうしよう。心配だ。

〈学習活動〉絶対にばれない場合であれば，千一郎の気持ちは謝ろうとしたかを考える。

> **発問** 絶対にばれない場合であれば，千一郎はそんな気持ちにならなかったでしょうか。

C ばれなければ叱られることはないけど，やっぱり気になる。

C ばれなくても，自分でやったことは変わらないから責任をとらないといけない。

C 怒られる心配はなくても謝らないと，気持ちがモヤモヤする。

T　絶対にばれない場合であっても，千一郎の心が重くなるのは，どうして？

C　やったことは消えないから。

C　本当は謝ったほうがいいと思っているから。

C　謝らないといけないと思っているのに，謝れていないから。

〈学習活動〉謝ることを決心した千一郎の心の中を想像する

> **発問**　おじいさんのところに謝りに行くことを決めた千一郎の心は，どのようになっていったのでしょうか。

C　楽になったと思う。

T　どうして？

C　もうモヤモヤした気持ちでいなくて済むから。

T　そうだね。苦しい気持ちにならなくて済むんだね。

T　でも，謝りに行ったら，怒られるかもしれないよ。

C　怒られるかもしれないけれど，このままだと苦しいし，すっきりすると思う。

C　怒られるのはいやだけど，このままだと苦しいし，自分が悪いのだから怒られるのは仕方がない。

C　このまま，ごまかし続けているのは苦しい。

T　どうして，そんなに苦しいの？

C　本当は謝らないといけないと思っているから。

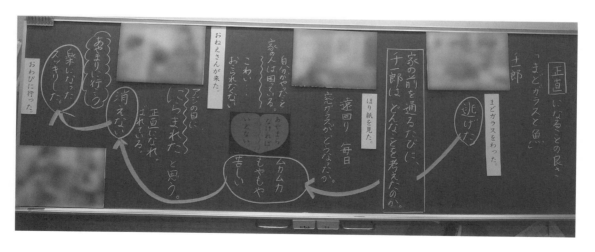

ねらいから見た評価のポイント

　本時の，終末で「ワークシート」に書かせた「今日の学習で分かったこと」から，子供がこの1時間で何を学んだのか，学んだと考えているのかを見取り，それをどのように評価に反映させるかについてのポイントを示す。

◆本時の内容項目について子供がもともと分かっていたかどうか判断できないもの

> 　悪いことをしたら，す直にあやまらないといけないことがわかりました。
> うそをついてはいけないと思いました。

　このノートに書かれている悪いことをしたら素直に謝らないといけないことは，3年生の子供にとっては分かっていることで，本時の学習によって知ったのか，もともと知っていたのかを区別することができない。したがって，これだけでは道徳性に関わる成長が見られたかどうかを評価することができない。

◆教材について子供がもともと分かっていたかどうか判断できないもの

> 　千一ろうがあやまらなかったら，おじいさんはいやだったと思います。正直にあやまったからゆるしてくれたと思います。

　このノートに書かれている正直に謝れば許してもらえるという考えは，必ずしも事実ではない。つまり，そのことが正直・誠実に結びつくとは考えにくい。

◆本時のねらいについて子供が学んだと思われるもの

> 　正直に言わないまま時間がたっても楽にならず，苦しい気持ちがつづく。だから，ちゃんと正直に言えばすっきりするとわかりました。たとえ，おこられても，その方がすっきりすると思いました。

> 　やったことは，なかったことにはできないから，ごまかすと自分の心が苦しくなる。反対にあやまってしまうと気持ちを和らげることができ，楽になると思いました。

　これらは，本時の学習があったからこそ気づくことができる考え方であると考えるため，本時の学習の成果としての学びであると評価することができると考える。

（井上　華子）

節度，節制【第3学年及び第4学年　A－（3）】

どんどん橋のできごと

STEP1　具体的なねらいを設定する

①教材（どんどん橋のできごと）の概要

　学校からの帰り道，大きな川に渦ができているのを見つけて，ぼくは友達三人と遊んでいた。はじめは棒切れや草を流し浮かんでくるのを楽しんでいたが，友達の一人のまこと君が傘を入れることを提案する。無事に浮かんできた傘を見て，すみお君は同じように傘を入れるが，正君は断って入れなかった。ぼくは迷ったが傘を入れた。すると，大きな音がして傘は骨がボロボロになって出てきた。それを見たぼくは涙を溜め，何とも言えない気持ちで家に帰った。

②子供にとって分かっていること，気づかせたいことから具体的なねらいまで

子供にとって分かっていること

内容項目について分かっていること	教材について分かっていること
・わがままなことはしてはいけない。 ・物を大切に扱わないといけない。 ・何か行動をする時には，自分自身でよく考えて行動しなければならない。 ・安全に気をつけて行動しなければならない。	・友達がしていることでも，してはいけないことならしない。 ・傘が壊れてしまうかもしれないので，川に傘を入れてはいけない。 ・友達に言われても，自分で考えて行動しなければいけない。

子供に気づかせたいこと

・自分自身で考え，判断することが大切だが，正しい判断をすることができずに失敗してしまうと，自分の甘い判断を後悔する。
・だめだと分かっていながら行動すると，その時には後悔の気持ちが大きくなる。
・友達に言われると，ついしてしまうことがあるが，うまくいってもいい気持ちにはならない。

具体的なねらい

　本当はするべきではない，してはいけないと考えているにもかかわらず，周りに流されたり，他の人の目を気にしたりして，それをしてしまった場合，自分で自分のことを情けなく思うことを理解させる。

①授業づくりのポイント

　子供たちは，してはいけないことはしないということは分かっている。しかし，実際の生活をふりかえると，友達に言われたり，周りの雰囲気を感じたりすることで，その判断をくるわせてしまい，正しくないと分かっている行動をしてしまう場合がある。そのように，するべきではないと分かっていながらも周りの雰囲気に流されて行動してしまうと，それをした自分自身のことを情けなく感じてしまうことに気づかせたい。まして，その結果が悪かったり，心配していた通りの失敗につながったりすると，その後悔や情けない気持ちは一層大きくなることを理解させたい。

②中心発問を考える

　そのことに気づかせるために，次の二つの発問を通して考えさせるとともに，自分自身の心の中にある考えに気づかせたい。

中心発問ア	正君は断ったけれど，ぼくは傘を入れました。ぼくは本当に傘を入れたかったのでしょうか。
中心発問イ	ぼくが涙を流している理由は何でしょうか。

③中心発問を生かす補助発問を考える

　上記の中心発問の意図に沿って子供により深く考えさせるためには，次のような補助発問が有効であると考える。

中心発問アでより深く考えさせるための補助発問	
補助発問ア−1	ぼくが傘を入れることにした本当の理由は何でしょうか。
中心発問イでより深く考えさせるための補助発問	
補助発問イ−1	自分の傘が壊れたことの涙だけでしょうか。
補助発問イ−2	もしも傘が壊れなかったとしたら，ぼくは傘を入れた自分のことをよかったと思えるでしょうか。

④中心発問に至る主発問を考える

　中心発問アにおいて周りに流されることで判断できずに行動してしまい，その結果自分が情けなくなることを捉えさせるために，ぼくはしてはいけないことであると考えていたことを理解させておく必要がある。

| 主発問1 | まこと君やすみお君が傘を入れるのを見て，ぼくはどんなことを考えていたでしょう。 |

学習指導過程

	学習活動	発問と予想される子供の心の動き	指導上の留意事項
導入	○本時の課題を知る。	○「周りに流されてしまった！」というのはどんな時に言いますか。	・ねらいへの方向付けを行う。
展開	○教材を読む。 ①友達が傘を入れているところを見たぼくの気持ちを考える。 ②ぼくが傘を入れた時の気持ちを考える。 ③涙を流している時の気持ちを考える。	○まこと君やすみお君が傘を入れるのを見て，ぼくはどんなことを考えていたでしょう。 ・ぼくの傘も大丈夫かな。 ・少し面白そうだな。 ・傘を川に入れるなんてだめだ。 ・傘が壊れたら困る。 ○正君は断ったけれど，ぼくは傘を入れました。ぼくは本当に入れたかったのでしょうか。 ・みんながしたからぼくの傘も大丈夫だ。 ・入れなければ友達に何か言われると思ったが，本当は入れたくなかった。 ・友達がしなければ入れたくはなかった。 ◎ぼくが涙を流している理由は何でしょうか。 ・傘が壊れてしまったから。 ・自分の傘だけが壊れてしまったから。 ○自分の傘が壊れたことの涙でしょうか。 ・だめだと分かっていながら，入れてしまった自分が情けないと思った。 ・入れてはいけないと分かっていたから，入れなければよかった。 ○もしも傘が壊れなかったとしたら，ぼくは傘を入れた自分のことをよかったと思えるでしょうか。 ・入れる時にいやな気持ちがあったのでよかったとは思わない。 ・壊れなかったことに安心はするが，いい気持ちにはならない。	・友達の様子を見て，してみたい気持ちもあるが，傘を入れることはいけないことであるという考えがあることを捉えさせる。 ・その場の雰囲気や友達のことを考え，傘を入れてしまったが，本当は入れたくはなかったぼくの考えを理解させる。 ・涙を流しているのは，傘が壊れてしまったことだと考える児童もいる。しかし，それだけではなく，してはいけないことと分かっていながらしてしまった自分への情けない気持ちを捉えさせる。 ・授業の流れをふりかえることで，傘を入れることを躊躇しているぼくの考えに気づかせ，入れた時にはいやな気持ちがあったことを捉えさせる。
終末	○道徳ノートを書く。	○今日の学習で分かったことを書きましょう。	・今日の学習をふりかえらせることで，自分の学びを確認させる。

〈学習活動〉友達が傘を入れているところを見たぼくの気持ちを考える

> **発問** まこと君やすみお君が傘を入れるのを見て，ぼくはどんなことを考えていたでしょう。

C　壊れてしまうかもしれないからどうしようかな。

C　無事に出てくるかな。

C　無事に出てこないと困るからやっぱりやめておこうかな。

T　二人の傘が出てきた時はどんなことを考えていたかな。

C　ぼくの傘も大丈夫かな。

C　みんなの傘が無事に出てきてよかった。

C　でも，傘が壊れるかもしれないから，しないほうがいい。

〈学習活動〉ぼくが傘を入れた時の気持ちを考える

> **発問** 正君は断ったけれど，ぼくは傘を入れました。ぼくは本当に入れたかったのでしょうか。

C　本当は入れたくなかった。

T　どうして入れたくなかったのでしょうか。

C　壊れてしまうかもしれないから。

C　家族に怒られてしまうから。

T　入れたくなかったのに入れてしまった本当の理由は何でしょうか。

C　入れなければ友達に何か言われると思ったから。

C　その時の雰囲気で入れたほうがいい気がしたから。

T　一人だったら入れたかな。

C　入れていない。周りに友達がいてそれを見ているから入れてしまった。

〈学習活動〉涙を流している時の気持ちを考える

> **発問** ぼくが涙を流している理由は何でしょうか。

C　傘が壊れてしまった。

C　自分の傘だけ壊れてしまった。

T　自分の傘が壊れたことの涙でしょうか。

C　それだけではない。

C　壊れるかもしれないと分かっていたのにしてしまった。

C　何を言われても正君のようにやらなければよかった。

C　入れてはいけないと分かっていたのに，入れてしまって後悔している。

T　傘を入れてしまった自分のことをどう思っているでしょう。

C　情けない。

発問　入れる前にやめることができたかもしれませんね。では，もしも傘が壊れなかったとしたら，ぼくは傘を入れた自分のことをよかったと思えるでしょうか。

C　よかったとは思わない。

T　それはなぜでしょう。傘は壊れなかったのですよ。

C　壊れなかったことはよかったけど，本当によかったとは思っていない。

C　正君のように断れなかった。

C　一人だったらしないと思うから，してもいい気持ちにはならない。

T　傘を入れた後，ぼくはどんなことを思っていたでしょう。

C　無事に出てきますように。

C　壊れたらどうしよう。

C　やっぱり，断ればよかった。

T　正君と自分を比べてどう思っているでしょう。

C　自分の心が弱い。

C　情けない。

C　正君は強い。

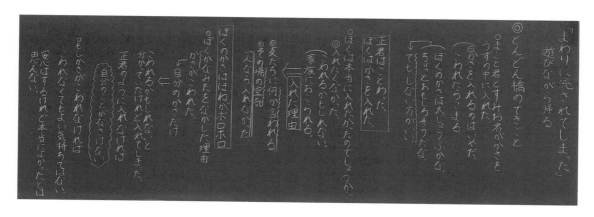

ねらいから見た評価のポイント

本時の終末で「道徳ノート」に書かせた「今日の学習で分かったこと」から，子供がこの1時間で何を学んだのか，学んだと考えているのかを見取り，それをどのように評価に反映させるかについてのポイントを示す。

◆本時の内容項目について子供がもともと分かっていたかどうか判断できないもの

> やってはいけないことは，してはいけないということが分かりました。

やってはいけないことはしてはいけないということは，日頃から周りの人に言われるだけでなく，様々な場面で聞かされることである。本時の1時間で学んだのではなく，これまでの経験で知っていると判断できるため，これだけでは道徳性に関わる成長が見られたかどうかを評価することができない。

◆教材について子供がもともと分かっていたかどうか判断できないもの

> かさを入れてしまったぼくの気持ちがよくわかりました。ぼくも友だちに言われるとかさを入れてしまうと思います。でも，今回学んだことをいかして，してはいけないことはしないようにしたいと思います。

このノートからは，主人公の後悔を共感的に捉えていることは分かるが，それだけでは子供が何を学んだか，子供の道徳性に関わる成長が見られたかどうかを評価することができない。

◆本時のねらいについて子供が学んだと思われるもの

> してはいけないと分かっていても友だちに言われたり，まわりを気にしたりするとついしてしまうことがある。その時には自分の事がいやになったり悲しくなったりすることが分かった。

> 友だちに言われてもしてはいけないと思ったら自分でやめなければ，その後に情けない気持ちになることが分かった。周りに流されるのではなく自分で判だんしなければいけないと思いました。

これらのノートからは，子供が本時の学習のねらいに迫ることができていると考えられる。1時間での学びを書くことで，この時間での学びを具体的に評価することができると考える。

（下野　理史）

家族愛，家庭生活の充実【第3学年及び第4学年　C－（14）】

ブラッドレーのせい求書

STEP1　具体的なねらいを設定する

①教材（ブラッドレーのせい求書）の概要

　ブラッドレーはある朝，家のお手伝いやおけいこに行ったことに対して，お母さんからお金をもらおうと請求書を渡した。請求書を受け取ったお母さんは，要求された金額と，ブラッドレーに宛てた請求書をブラッドレーに渡す。そこには，代金が全て0円と記されていた。ブラッドレーはその請求書を見て涙した。

②子供にとって分かっていること，気づかせたいことから具体的なねらいまで

子供にとって分かっていること

内容項目について分かっていること	教材について分かっていること
・家族の一員として進んで手伝いをするほうがいい。 ・家族はみんなで協力し合わなければならない。 ・家族みんなで楽しい家庭をつくっていくべき。 ・家族の中で役に立つことをするべき。 ・家族が自分を大切に育ててくれていることを，喜ぶべきである。	・お母さんに，家の仕事やおけいこに行ったことについてお金を請求するのは間違っていることだ。 ・ブラッドレーはお金なんてもらわずに，家の手伝いをすればよい。 ・お母さんは，お金をもらいたくて家のことをしているのではない。

子供に気づかせたいこと

・家族の関係や家の仕事というものは，社会の仕事上の関係や仕事とは違う部分がある。
・家族の関係というものは，契約や金銭のやりとりに終わらないものである。
・家族の関係には，愛情という結びつきがある。

具体的なねらい

　家族の関係というものは，社会の仕事とは違う部分があり，そこには契約や金銭のやりとりを越えた，愛情という結びつきがあることに気づかせる。

①授業づくりのポイント

　子供たちにとって，家の中の仕事は手伝うべきものであり，手伝わされるものである。対価として少額を得ることはあっても，子供たちにとって「面倒だとしても，しなければいけない」ものであり，家の中の仕事は手伝うべきものであり，手伝ったほうがいろいろなことが円滑に進むことも分かっている。では，この教材を通して，子供たちが学ぶべきことは何であるか。それは，家族という関係性が愛情によって支えられていることに気づくことであると考える。つまり，本教材の中のお母さんとブラッドレーの関係性は愛情に支えられたものであるということ，そして，家族の関係は社会の仕事のように，契約や金銭のやりとりの関係ではなく，それぞれがそれぞれを思う愛情によって支えられ，結びついていることに気づかせることが大切であると考える。

②中心発問を考える

　上記のことに気づかせるために「０円の請求書」に込めたお母さんの「思いや願い」について考えさせることが有効であると考える。

中心発問	お母さんがブラッドレーを叱らずに，お金と０円の請求書を渡したのはどうしてでしょう。

③中心発問を生かす補助発問を考える

　上記の中心発問の意図に沿って子供により深く考えさせるためには，次のような補助発問が有効であると考える。

中心発問でより深く考えさせるための補助発問	
補助発問−1	お母さんが請求書を全て０円にしたのは，ブラッドレーにどんなことに気づいてほしかったのでしょう。
補助発問−2	家の中の仕事が社会の仕事と違うのはどういう点でしょうか。

④中心発問に至る主発問を考える

　中心発問で，家族には愛情という結びつきがあることに目を向けさせるには，日頃，当たり前のようになっている，お母さんが自分のためにしているたくさんの仕事を具体的にイメージさせながら，お母さんが何を思い何のために家の仕事をしているかについて理解させる必要がある。

主発問2	お母さんがブラッドレーのためにしている仕事の請求書を作ったらどうなるでしょう。

	学習活動	発問と予想される子供の心の動き	指導上の留意事項
導入	○請求書とはどんなものか知る。	○請求書を見たことがありますか。どんな時に使いますか。	・教材への興味付けと，本来の請求書がもつ働きや意味を理解させる。
展開	○教材を読む。 ①ブラッドレーがとった行動の間違っている点について考える。	○ブラッドレーがお母さんに請求書を渡すことについて，ブラッドレーが間違っていることは何でしょう。 ・自分のことや家のことなのにごほうびなんておかしい。 ・家の人が家族のために働いて貯めたお金を家の仕事をしたことに支払うのはおかしい。 ・子供は，いつもしてもらっているから自分から家の人のために家の仕事をするべき。	・ブラッドレーがお母さんに家の仕事などについての対価を要求したことの問題点について理解させる。
展開	②お母さんがしている家の仕事について考える。	○お母さんがブラッドレーのためにしている仕事の請求書を作ったらどうなるでしょう。 ・いっぱいすぎる。 ・家族ではない感じがして悲しくなる。 ・ブラッドレーは，してもらうのが当たり前だと思っているから，びっくりする。 ・本当は高くなるけど，お母さんの仕事は，お金じゃない。	・当たり前のようにしてもらっている家の仕事がたくさんあることや，そこにある思いや願いに気づかせる。
展開	③０円の請求書に込められた「思いや願い」から，家族の関係について考える。	○お母さんがブラッドレーを叱らずに，お金と０円の請求書を渡したのはどうしてでしょう。 ・何でもお金ではない。お母さんは，ブラッドレーのことが大切だから，すくすく育ってほしいと思っていることに気づいてほしい。 ・だれよりも大切な存在だからお金になんてかえられないと思っていることに気づいてほしい。 ・家の仕事はお金のためにしているのではないことに気づいてほしい。	・お母さんの思いや願いを考えることから，家の仕事は愛情によって支えられ，家族には愛情という結びつきがあることに気づかせる。 ・その点が社会の仕事とは違うことを理解させる。
終末	○道徳ノートを書く。	○今日の学習で分かったことを書きましょう。	・今日の学習をふりかえらせることで，自分の学びを確認させる。

〈学習活動〉ブラッドレーがとった行動の間違っている点について考える

> **発問** ブラッドレーがお母さんに請求書を渡すことについて，ブラッドレーが間違っていることは何でしょう。

C おけいこに行かせてもらっているのに，ごほうびなんておかしい。

C もらうにしても高すぎる。

T ブラッドレーがした仕事は，お金をもらうべきことでしょうか。

C 1円くらいならいいかな。

C お金をもらわなくても，お手伝いはしなくちゃいけない。自分のためにもなるし。

T お母さんが，信じることができなかったのはどうしてでしょう。

C 自分や家族のためのことに，わざわざお金を請求すると思わなかった。

C ブラッドレーがお金のためにしているのかと思って悲しくなった。

〈学習活動〉お母さんがしている家の仕事について考える

> **発問** お母さんがブラッドレーのためにしている仕事の請求書を作ったらどうなるでしょう。

C ブラッドレーは，悲しくなると思う。

C そんなものもらうと思っていなかったし，びっくりするよ。

T 何代って請求書に書くのかな。値段はどうなるかな？

C 洗濯，お風呂掃除，ごはん，送り迎え……あ〜いっぱいすぎる！

C 本当だったらすごい値段だけど，値段はない。

C お金じゃない！

T お金じゃないのだったら，お母さんは何のために家の仕事をしているのでしょうか。

C 子どもの将来のため。お金のためじゃない。

C 大好きだから。

C だれよりも大切に思っているから。

T では，お母さんが，家の仕事をする喜びは何でしょうね。

C ブラッドレーが，立派な大人になること。

C 人を大切にする子になること。

〈学習活動〉　0円の請求書に込められた「思いや願い」から，家族の関係について考える

> **発問**　お母さんがブラッドレーを叱らずに，お金と0円の請求書を渡したのはどうしてでしょう。

C　ブラッドレーに考えてみてほしかったから。

T　なるほど，では，請求書を全て0円にしたのは，ブラッドレーにどんなことを考えたり，気づいたりしてほしかったのでしょうね。

C　何でもお金じゃないってこと。

C　ブラッドレーのことを大切に思っているから。

C　だれよりも大切な存在！

T　じゃあ，家の中の仕事をすることと，社会の仕事をすることは，同じことかな？

C　違う違う！　　C　働くのは同じだけど，違う。

T　どんなところが違うのかな？

C　お金じゃなくて家族のためっていう気持ち。

T　気持ちが違うのですか。じゃあ家の仕事をする時にある気持ちって？

C　好き！

C　大好きっていう気持ち。

C　愛だ！

C　あー。家族への愛情だ。

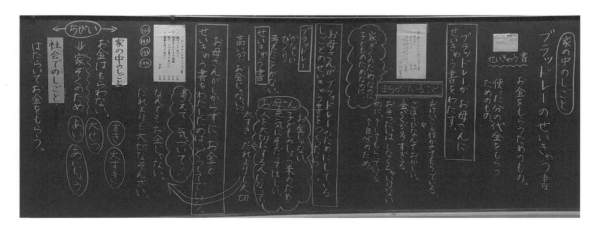

ねらいから見た評価のポイント

　本時の学習から，子供一人一人に家族愛や家族のあり方についてどのような成長が見られたかどうかを評価するために，終末で「道徳ノート」に「今日の学習で分かったこと」を書かせる。そこに書かれていることから，子供がこの1時間で何を学んだのか，学んだと考えているのかを見取り，それをどのように評価に反映させるかについてのポイントを示す。

◆本時の内容項目について子供がもともと分かっていたかどうか判断できないもの

> 　家族はとっても大切だと思った。手伝いとかをして，家族をたすけて，家族を一番大切にしようと思った。

　このノートには，そう考えた根拠の部分がないので，本時の学習によって上記のように考えるようになったのか，これまでも考えていたことを書いただけなのか判断が難しい。自分と重ねて考えてはいるが，これだけでは成長が見られたかどうかを評価することができない。

◆教材について子供がもともと分かっていたかどうか判断できないもの

> 　お母さんは，自分や，家族のためにはたらいてくれているから，自分も家の仕事を手伝わないといけないなと思った。

　このノートに書かれていることは，本時の学習で分かったかどうかを判断することが難しい。また，「家族」についてではなく「お母さんの仕事」と狭い範囲でしか捉えていない。

◆本時のねらいについて子供が学んだと思われるもの

> 　家の人は，がんばっていることがわかった。ぼくは「あい」だと思った。ぼくのしょう来のことなども考えてくれていることもよーくわかった。家族の大切さがあらためてわかった。

> 　家事はとても大変だと思いました。それができるのは，家族が大すきでたまらないからだと思います。社会の仕事でかせぐのも，子どもの生活のためなんだと気がつきました。少しでもお手伝いをするようにど力したいです。

　これらのノートからは，本時のねらいを理解することができたと評価することができる。これらは，「家族の結びつき」について捉えており，本時の学習を通さずに気づくことは困難であると考えるため，学習の成果としての学びであると評価することができると考える。

（龍神　美和）

友情，信頼【第３学年及び第４学年　B－（9）】

絵はがきと切手

STEP1　具体的なねらいを設定する

①教材（絵はがきと切手）の概要

　転校していった仲良しの正子から絵はがきが届いた。絵はがきには「郵便料金不足のお知らせ」と書かれていた。お兄さんは，「料金不足を教えた方がいい。」と言うが，母は「お礼だけ言ったらどうか。」と言い，ひろ子は迷ってしまう。しかし，正子が同じ間違いをするかもしれないし，分かってくれると思い，料金不足のことを知らせようと思う。

②子供にとって分かっていること，気づかせたいことから具体的なねらいまで

子供にとって分かっていること

内容項目について分かっていること	教材について分かっていること
・友達ならば，相手のいやがることを言ってはいけない。 ・相手のために厳しい注意をしてあげられるのが，本当の友達だ。 ・本当の友達ならば，どんなことでも言い合えるはずだ。	・正子にいやな思いをさせたくないから教えないことも友達として大切だ。 ・正子の間違いを教えてあげるのが本当の友達だ。 ・仲のよい正子なら，間違いを教えても分かってくれる。

子供に気づかせたいこと

・友達のためだと言いながら，実は自分が悪く思われたくない，友達関係を崩したくないと考えて行動するのは本当の友達としては足りないものがある。
・友達のことだけを考えて行動することは難しいが，自分のことを一番に考えて行動していたのでは，本当の友達ではない。

具体的なねらい

　よりよい人間関係を築きたいという考えからだとしても，自分が悪く思われたくない，友達との関係を崩したくないという考えには，本当の友達として足りないものがあるということに気づかせる。

①授業づくりのポイント

　だれもが友達とよりよい関係を築きたい，信頼し合える友達をもちたいと願っている。一方，友達からよい人だと思われたい，悪く思われて関係を崩したくないという考え方もある。そうなると，難しいのが「友達の間違いを指摘すべきか」という問題である。友達の間違いを指摘することがよりよい友達関係の手段かどうかを簡単に決めることはできない。そこには，指摘すべき中身の重さ，相手の性格やその時の気分，相手と自分のこれまでの関係，指摘の仕方などの不確定な要素によって，友達の受け止めは変わってくるからである。つまり，有効な手段にはなり得ない場合がある。

　そこで，単に「相手の間違いを教えてあげるのが本当の友達だ」という一つの判断を教えるのではなく，教える，教えないにかかわらず，その理由の中にある，友達のことよりも自分を守ろうとする気持ちが重要であること，友達に悪く思われたくない気持ち，友達関係を悪くしたくないという考えに，本当の友達として何か足りないものがあることに気づかせたい。

②中心発問を考える

　そのことに気づかせるために，次の発問を通して考えさせるとともに，児童から出された「教える」「教えない」の理由について考えることが有効であると考える。

中心発問	これらの考え方（板書をもとに）の中で，本当の友達として何か足りないものがある考え方はどれでしょうか。

③中心発問を生かす補助発問を考える

　上記の中心発問の意図に沿って子供により深く考えさせるためには，次のような補助発問が有効であると考える。

中心発問でより深く考えさせるための補助発問

補助発問	それはどうしてですか（足りないと思う理由を問う）。

④中心発問に至る主発問を考える

　中心発問で本当の友達として足りないものがある考え方について見つけさせるためには，「教える」「教えない」に関して様々な理由が示されている必要がある。それを引き出すためには，次の二つの主発問が必要である。

主発問2	ひろ子が，正子への返事に料金不足のことを書きたくないのはどうしてでしょう。
主発問3	ひろ子が料金不足のことを手紙に書くことを決めたのはなぜでしょう。

学習指導過程

	学習活動	発問と予想される子供の心の動き	指導上の留意事項
導入	○本時の主題を知る。	○今日は「本当の友達として」について考えます。	・ねらいへの方向付けを行う。
展開	○教材を読む。 ①ひろ子に届いた絵はがきについて	○正子は, どんな気持ちからこの絵はがきをひろ子に送ったのでしょう。 ・友達のひろ子にきれいな景色を見せたい。 ・ひろ子を喜ばせたい。	・仲良しのひろ子を喜ばせたいという素直な気持ちから送ったことを捉えさせる。
	②ひろ子が料金不足のことを書きたくない理由について	○ひろ子が, 正子への返事に料金不足のことを書きたくないのはどうしてでしょう。 ・せっかく自分のために送ってくれたのに, 正子がいやな気持ちになるから。 ・正子にいやな子やけちだと思われるから。 ・手紙をくれなくなるかもしれないから。 ・正子に嫌われるから。	・料金不足のことを返事に書くのは, 正子をいやな気持ちにする可能性があることを捉えさせる。 ・正子の間違いを指摘することに関して, ひろ子が恐れている事態を想像させ, 共感させる。
	③ひろ子が料金不足について書くことを決めた理由について	○ひろ子が料金不足のことを手紙に書くことを決めたのはなぜでしょう。 ・他の人にも送ってしまって, 周りから何か言われて悲しい思いをするかもしれないから。 ・正子は仲良しの友達だから, 私が悪く受け止めてないことを分かってくれる。	・ひろ子が手紙に料金不足のことを書いたのは, 自分のことよりも, 仲良しの友達を心配する気持ちがあることを捉えさせる。
	④これらの考え方の中で, 本当の友達として足りないものと, その理由について	○これらの考え方（板書をもとに）の中で, 本当の友達として何か足りないものがある考え方はどれでしょうか。 ・正子にいやな子やけちだと思われるから。 ・手紙をくれなくなるかもしれないから。 ・正子に嫌われるから。 ○その理由は。 ・自分が悪く思われないよう, 自分の心配をしているようでは, 本当の友達とはいえない。 ・友達関係を崩したくない気持ちは悪くないが, 自分が悪く思われたくないという気持ちは本当の友達として何か足りない。	・②, ③の学習活動で児童から出された考え方の中で, 自分のことを守ろうとする気持ち, 自分が友達に悪く思われたくないという気持ち, 友達関係を悪くしたくない考え方には, 友達として何か足りないものがある考え方であることに気づかせる。
終末	○道徳ノートを書く。	○今日の学習で分かったことを書きましょう。	・今日の学習をふりかえらせることで, 自分の学びを確認させる。

〈学習活動〉ひろ子に届いた絵はがきについて

発問 正子は，どんな気持ちからこの絵はがきをひろ子に送ったのでしょう。

C　きれいな景色を友達のひろ子に見せたい。

T　どうして友達にきれいな景色を見せたかったのでしょうか。

C　喜ばせたかったから。　　C　ひろ子を嬉しい気持ちにさせたかったから。

〈学習活動〉ひろ子が料金不足のことを書きたくない理由について

発問 ひろ子が，正子への返事に料金不足のことを書きたくないのはどうしてでしょう。

C　正子がいやな気持ちになるから。

C　せっかく送ってくれたのに，料金不足のことを書かれたら，傷つくかもしれないから。

T　返事に料金不足のことを書くことで，ひろ子は，どうなることを心配しているのでしょうか。

C　自分のことをいやな子と思われるか心配している。

C　せっかく書いたのに，お金のことを気にしていて，けちだと思われること。

C　正子がひろ子のことをいやな子と思って，手紙を送ってくれなくなること。

C　遊んでくれなくなるかもしれないと心配している。

C　友達ではなくなるかもしれないと思っている。

〈学習活動〉ひろ子が料金不足について書くことを決めた理由について

発問 ひろ子が料金不足のことを手紙に書くことを決めたのはなぜでしょう。

C　本当のことを教えようと思ったから。　　C　仲良しの友達だから教えようと思った。

C　また同じように，他の人に送ってしまうかもしれないから。

T　料金不足のことを書かなかったら，どうなることを心配しているのでしょう。

C　料金不足のことで他の人から文句みたいなことを言われて，正子がいやな思いをするかもしれない。

C　正子が悲しむかもしれない。　　C　正子が傷つくかもしれない。

T　正子さんの心配をしていたんですね。少し聞きたいのですが，仲良しの友達だから教えるともありました。どうして仲良しの友達だったら教えるのでしょうか。

C　言いにくいことだけど，仲良しの自分が教えたら，そこまで悪く受け止めないと思う。

C　ひろ子が正子のことを悪く思っていない，むしろ，心配していることを分かってくれると思うから教えようと思った。

〈学習活動〉これらの考え方の中で，本当の友達として足りないものと，その理由について

> **発問**　これらの考え方（板書をもとに）の中で，本当の友達として何か足りないものがある
> 考え方はどれでしょうか。（一つずつ聞いていく。）その理由は。

T　「自分のことをいやな子と思われる」は本当の友達として足りないものがある考え方でしょうか。　　C　足りなさそう。　　（足りないと思われる考え方に×をつける。）

T　「自分のことをけちと思われる」は？　　C　足りなさそう。

T　どうして本当の友達として足りないものがある考え方なのでしょうか。

C　自分のことを考えていて，自分の心配をしているから。

C　自分が正子にいやな子と思われたらいやだから。自分を守っている感じがする。

T　「手紙を送ってくれなくなる」は？　　C　足りなさそう。

T　「遊んでくれなくなる」は？　　C　足りなさそう。

T　それはどうして？

C　手紙がもらえなくなることを怖がっている。

C　自分が悪く思われないよう，自分を守っている。

C　正子のことを考えているようだけど，結局正子に自分がどう思われているかを気にしている。こんなこと思われたくないなと思って，料金不足を書かなかったら，友達としてだめだと思う。

C　自分のことではなくて，正子がこんなことになって悲しまないか考えるのが友達としての考えだと思う。

ねらいから見た評価のポイント

　終末に書かせた「道徳ノート」から，子供がこの1時間で友情について何を学んだのかを見取り，それをどのように評価に反映させるかについてのポイントを示す。

◆**本時の内容項目について子供がもともと分かっていたかどうか判断できないもの**

> 　自分のことを考えるのではなく，相手の気持ちを考えることが大切だと思いました。なぜなら，相手のことを考えてないと，いやな気持ちにさせてしまうからです。

　このノートに書かれている友達の気持ちを考えることが大切であることは，4年生の子供ならばよく知っていることである。したがって，本時の学習によって知ったのか，もともと知っていたのか区別することができないため，これだけでは道徳性に関わる成長が見られたかどうかを評価することができない。

◆**教材について子供がもともと分かっていたかどうか判断できないもの**

> 　同じ間ちがいをして他の人にめいわくをかけないように，間ちがっているよと教えてあげることが大切だと分かりました。本当の友達は，何でも教え合える人のことと思いました。

　何でも教え合えるのが本当の友達だということは，本時の学習がなくても分かったかを判断できないため，子供の道徳性に関わる成長が見られたかどうかを評価することができない。

◆**本時のねらいについて子供が学んだと思われるもの**

> 　自分も友達にはきらわれたくない。もし自分がひろ子さんだったら，お金のことは言わなかったと思います。それを言ったら，正子さんがきずつくと思ったからやめとこうと思ったからです。でも，結局は，自分のことを考えていて，あまり正子さんのことを考えていないと分かった。

> 　相手の心配をしているつもりでも，本当は自分のことだけを考えている考え方があることに気が付きました。次から，友達とせっする時に，「今の考えは，自分のことか，友達のことか，どちらのことを考えているのか」という考えをもちたいです。

　これらのノートからは，本時のねらいを理解することができたと評価することができる。これらは，4年生の子供にとっては，本時の学習を通さずに気づくことは困難であると考えるため，本時の学習の成果としての学びであると評価することができると考える。　　　　　（石川　裕基）

生命の尊さ【第3学年及び第4学年　D－（18）】

ヒキガエルとロバ

STEP1　具体的なねらいを設定する

①教材（ヒキガエルとロバ）の概要

　雨上がりの道でアドルフたちはヒキガエルを見つけて石をぶつけて遊んでいた。傷ついたヒキガエルがわだちへ転がり込んだところへ荷車を引いたロバがやって来て，アドルフたちはこのまま轢かれるのを期待していた。ところがロバは全力で避けてヒキガエルは助かった。それを見ていたアドルフの手から石が滑り落ち，いつまでもヒキガエルとロバの姿を眺めていた。

②子供にとって分かっていること，気づかせたいことから具体的なねらいまで

子供にとって分かっていること

内容項目について分かっていること	教材について分かっていること
・命は大切にしなければならない。 ・人も動物も一つずつの命がある。 ・動物をいじめたらかわいそう。 ・命を奪うのは悪いことだ。 ・命は守るべきものだ。	・はじめはヒキガエルに石をぶつけて遊んで面白がっていた。 ・ロバはヒキガエルを守ろうと全力でがんばった。 ・アドルフたちはロバの姿を見て後悔した。

子供に気づかせたいこと

・人は生き物の種類や好き嫌いによって命の扱いを変えてしまうことがある。
・命の大切さを知っているからこそ，どんな生き物でも命を奪うと罪悪感を覚える。
・命は全力で守られるべきものであり，守ろうとする姿は人の心を変える。

具体的なねらい

　子供の頃に生き物をおもちゃにして遊ぶ気持ちがないわけではない。一方でどんな生き物にもたった一つだけの命があることも分かっている。したがって，私たちは遊びで生き物の命を奪うことに罪悪感を覚えることに気づかせる。

①授業づくりのポイント

　「動物に優しく」「命を大切に」ということはどの児童も頭では分かっており，その考えに疑問をもつこともあまりないだろう。しかし一方ではダンゴムシを集めては捨てたり，アリを踏みつぶしたりして面白がって遊んだことのある児童もいる。全力でヒキガエルの命を助けたロバから命の重さを教わったアドルフたちは，これまでのヒキガエルに対する行いや気持ちをふりかえり，そんな自分に罪悪感を覚えるだろう。人は「分かっているのにそうできなかった」ことに罪悪感を覚える。知っていたはずの命の大切さを意識できずに行動したアドルフたちの浅はかさや，それによる後悔や自責の念に気づかせたい。

②中心発問を考える

　そのことに気づかせるために，中心発問として「もしも」の場面を想定して，命の大切さを考えていなかった場面での主発問1と対比させることが有効であると考える。

中心発問	もしも，あのままヒキガエルが轢きつぶされていたら，アドルフたちははじめに期待していたように喜びを感じるでしょうか。

③中心発問を生かす補助発問を考える

　上記の中心発問の意図に沿って子供により深く考えさせるためには，次のような補助発問が有効であると考える。ただし，意見の出方によっては，補助発問1は不要となる場合もある。

中心発問でより深く考えさせるための補助発問	
補助発問1	喜び以外の感情はないでしょうか。
補助発問2	そんなことに喜びだけを感じているアドルフたちのことをどう感じますか。私たちがそう感じるのはなぜでしょう。

④中心発問に至る主発問を考える

　中心発問でアドルフたちの罪悪感をしっかりと捉えさせるためには，ヒキガエルをいじめることを楽しんでいたこと，そして「どんな小さな生き物でも命は大切」と分かっていることが前提になる。それを改めて気づかされた場面として，この主発問で命の重さに迫らせる。

主発問2　「そっちを見ているほうがおもしろそうだ。」と言っているが，何を期待しているのでしょう。

主発問3　ロバがヒキガエルを避けようとがんばる姿を見て，アドルフたちが手に持っていた石を落としたのは，どうしてでしょう。

	学習活動	発問と予想される子供の心の動き	指導上の留意事項
導入	○本時の課題を知る。	○どんな生き物でも，それぞれに一つだけもっているものは何でしょう。 ・命	・ねらいへの方向付けを行う。
展開	○教材を読む。 ①石をぶつけているアドルフたちの気持ちを考える。	○アドルフたちは，ヒキガエルに石をぶつけて遊んでいるが，なぜ悪いことをしていることに気づかないのでしょう。 ・みんなで一緒にやっているから。 ・小さいからおもちゃみたいに思っているから。 ・ヒキガエルが嫌いだから。	・小さな生き物に対してはその命を意識せずに振る舞ってしまうことがあることを押さえる。
	②ロバが来た時の気持ちを考える。	○「そっちを見ているほうがおもしろそうだ。」と言っているが，何を期待しているのでしょう。 ・そのまま荷車に轢かれること。 ・ヒキガエルがつぶれること。	・石を投げる延長で，ヒキガエルの命を気にも留めず，面白がっていることを確認する。
	③ロバの姿を見て石を落とした理由を考える。	○ロバがヒキガエルを避けようとがんばる姿を見て，アドルフたちが手に持っていた石を落としたのは，どうしてでしょう。 ・ロバがヒキガエルを守るために全力で荷車を引く姿に感動したから。 ・この石をぶつけようとしていた自分にショックを受けたから。 ・自分はひどいことをしてしまったことに気づいたから。	・ロバの必死な姿から，ヒキガエルの命の重さを感じ取ったことと，さっきまでの自分たちの行いや気持ちを思い出して後悔や罪悪感を覚えていることの両面を捉えられるようにする。
	④アドルフたちの罪悪感に気づく。	◎もしも，あのままヒキガエルが轢きつぶされていたら，アドルフたちははじめに期待していたように喜びを感じるでしょうか。 ・喜びを感じる。 ・つぶれたのを見たら気持ち悪い，こわい。 ・かわいそう，悪いことをしてしまったと後悔する気持ちもあると思う。 ・ヒキガエルごめんなさいという気持ちも出てくると思う。	・補助発問「そんなことに喜びだけを感じているアドルフたちのことをどう感じますか。私たちがそう感じるのはなぜでしょう。」により，遊んでいる時は忘れている命の大切さを本当は知っているからこそ，罪悪感を覚えることを押さえる。
終末	○道徳ノートを書く。	○今日の学習で分かったことを書きましょう。	・今日の学習をふりかえらせることで，自分の学びを確認させる。

〈学習活動〉石をぶつけているアドルフたちの気持ちを考える

> **発問** アドルフたちは，ヒキガエルに石をぶつけて遊んでいるが，なぜ悪いことをしていることに気づかないのでしょう。

C　ヒキガエルが嫌いで，いじめていいと思っているから。

C　気持ち悪いから。

C　みんなでやって盛り上がっているから。

C　小さい生き物だから気にしてないから。

T　もしヒキガエルじゃなくてかわいい子猫だったらどうでしょう。

C　たぶんぶつけないと思う。かわいそうだから。

C　もしだれかがぶつけても，仲間が止めると思う。

C　道にいたら逆に助けてあげそう。

〈学習活動〉ロバが来た時の気持ちを考える

> **発問** 「そっちを見ているほうがおもしろそうだ。」と言っているが，何を期待しているのでしょう。

C　ヒキガエルが荷車に轢かれてつぶされること。

C　一撃でやられること。

C　轢かれてぺちゃんこになること。

〈学習活動〉ロバの姿を見て石を落とした理由を考える

> **発問** ロバがヒキガエルを避けようとがんばる姿を見て，アドルフたちが手に持っていた石を落としたのは，どうしてでしょう。

C　ロバががんばってヒキガエルを守ろうとしたことに感動したから。

C　自分も苦しいのに必死でわだちを避けてヒキガエルを守ったロバを見て，ヒキガエルにも命があることに改めて気づいてはっとしたから。

C　さっきまでの自分たちのことを思い出していろいろ考えた。

C　ぶつけようと思って石を持っていたけど，もうぶつける気がなくなったから。

C　ロバと比べて，自分たちはひどいことをしてしまったとショックを受けたから。

C　悪いことをしてしまったと後悔したから。

C　ヒキガエルごめんなさいと反省して，もう石は投げないと思ったから。

〈学習活動〉アドルフたちの罪悪感に気づく

> **発問**　もしも，あのままヒキガエルが轢きつぶされていたら，アドルフたちははじめに期待
> していたように喜びを感じるでしょうか。

C　思い通りになったら，みんなで盛り上がる。

C　面白がって，少しは喜んでいると思う。

T　少し喜ぶということは，喜び以外の感情があるということですか。

C　最初はねらい通りでやったー！と思うけど，轢かれたヒキガエルを見たらやっぱり少しい
　やな気持ちになる。

C　ぐちゃっとつぶれたのを見たら気持ち悪い。

C　死んでしまったのを見たら申し訳ない気持ちも出てくると思う。

C　悪いことしたな，と後悔すると思う。

C　自分はどうしてこんなことを期待していたんだ，と自分を責めるかもしれない。

T　そんなことに喜びだけを感じているアドルフたちのことをどう感じますか。

C　殺してしまったのを見ても喜びしかないなんて，人としてひどすぎる。

C　命をおもちゃにして奪った上に，後悔もしないなんてありえない。

C　子供だから遊びで石を投げたりしてたと思うけど，ヒキガエルの命は一つしかないことに
　は変わりないから，やっぱりだめ。

T　私たちが，そう感じるのはどうしてでしょう。

C　生き物を殺すのはよくないことくらい分かっているはずだから，死んでしまったのを見た
　らそれを思い出して反省するはず。

C　最初から殺さないのがいいけど，せめてやってしまった後にでも気がついて反省したり謝
　ったりするはずだし，反省しないのはおかしい。

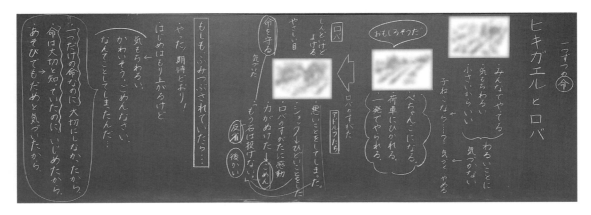

ねらいから見た評価のポイント

　終末で「道徳ノート」に書かせた「今日の学習で分かったこと」から，子供がこの1時間で命の尊さについて何を学んだのか，学んだと考えているのかを見取り，それをどのように評価に反映させるかについてのポイントを示す。

◆本時の内容項目について子供がもともと分かっていたかどうか判断できないもの

> 　どんな生き物にも一つずつ大切な命があるから，小さな生き物もいじめたりしないで命を大切にしようと思います。

　「命を大切に」だけでは，本時のねらいである後悔や罪悪感とのつながりについて触れられていない。したがって，これまでの生活や学習で知っていたことなのか本時で学んだことなのかが判断できないため，道徳性に関わる成長が見られたかどうかを評価することができない。

◆教材について子供がもともと分かっていたかどうか判断できないもの

> 　アドルフたちは，はじめはおもしろがって石をぶつけていたけど，がんばるロバの姿を見て，自分たちのしたことを後かいしたと思います。

　このノートからは，教材に描かれている反省や後悔の念は読み取ってはいるが，それと本時のねらいである生命尊重の視点との関わりについて気づけたかどうかが判断できないため，道徳性に関わる成長が見られたかどうかを評価することができない。

◆本時のねらいについて子供が学んだと思われるもの

> 　アドルフたちははじめヒキガエルをいじめていたけど，本当は命を大切にしないといけないことは知っていたから，自分のしたことをすごく後かいしたと思います。

> 　命を大切にするべきと知ってはいても，友達と盛り上がったり，苦手な生き物だったりするとそれを忘れて命を粗末にしてしまうことがある。でもそんなことをするとやっぱりかわいそうだし，反省や後かいをすることになるとわかりました。

　これらのノートからは，本時のねらいを理解することができたと評価することができる。罪悪感や後悔のもとに命の大切さへの理解があることは本時の学習を通さずに気づくことは困難であると考えるため，本時の学習の成果としての学びであると評価できると考える。

（平田　葵）

感動，畏敬の念【第３学年及び第４学年　Ｄ－（20）】

花さき山

STEP1　具体的なねらいを設定する

①教材（花さき山）の概要

　あやは山菜をとりに行った山でやまんばに会う。そこには一面の花が咲いていた。この花は，ふもとの村の人間が辛いのを辛抱して優しいことをした時に咲くのだとやまんばは言う。あやが，自分は辛抱するから妹に祭り着を買ってやれと言った時に咲いた花もあった。二度とその花を見ることはなかったが，あやはそれからも自分が花を咲かせていると思うことがあった。

②子供にとって分かっていること，気づかせたいことから具体的なねらいまで

子供にとって分かっていること

内容項目について分かっていること	教材について分かっていること
・きれいなものや美しいものに感動する。 ・人の心や行いにも感動することがある。 ・心が美しい人やきれいな人がいる。	・あやは，妹思いで優しい。 ・あやは，自分のしたいことを辛抱している。 ・自分は辛抱して，人に優しくすると咲く花があると，やまんばは言う。

子供に気づかせたいこと

・直接目に見えない心でも，行為を見て，その心が伝わると，美しいと感じることがある。
・自分が辛抱して人に優しくする姿を見て，美しいと思うことがある。
・自分は辛抱して人に優しくすることは，簡単にできることではないからこそ，美しいと感じる。

具体的なねらい

　美しいものはいろいろあるが，その一つに人の心の美しさがある。それは，時に他人のために自分が辛抱をする姿に見られることがあることを理解する。

①授業づくりのポイント

　いわゆる「よい話」や「人の心を動かす話」など，私たちの心を動かすエピソードに触れる機会は多い。それらに触れ，心を動かされることは，その後の生き方に関わる場合もある。しかし，読んだからといって，行動が変化し，よりよい生き方ができるようになるかというとそうではない。憧れや尊敬の気持ちはあっても，実行し完遂することは容易ではない。それに，読んで感動するだけでよいのであれば，読書で十分である。感動するだけでなく，1時間の授業の中で子供が学習することは何かをしっかりと捉えた上で，新たな気づきや学びを得られるようにすることが必要である。

　そこで，美しいものにはいろいろあるが，人の心にも美しさを感じることがあること，その中には，人のために自分が辛抱することも含まれることに気づかせることであると考える。

②中心発問を考える

　そのことに気づかせるために，人の心が美しいと感じる時の根拠を考えさせることが有効であると考える。

中心発問	私たちが人の心を美しいと感じるのはどんな時でしょう。

③中心発問に至る主発問を考える

　上記の中心発問の意図に沿って子供により深く考えさせるためには，そこに至るまでの次のような主発問と補助発問が有効であると考える。

中心発問でより深く考えさせるための主発問

主発問1	あやが祭りの着物を買ってもらうのを辛抱した時に花が咲いたとやまんばは言っているが，辛抱するのは正しいことでしょうか。

主発問1でより深く考えさせるための補助発問

補助発問1-1	何でもかんでも自分が辛抱することがよいことなのでしょうか。
補助発問1-2	辛抱なんかしないことがよいことはないでしょうか。

中心発問でより深く考えさせるための主発問

主発問2	辛抱することが必ずしも正しいわけではないのに，あややふたごの上の子がした辛抱が花を咲かせたのはどうしてでしょう。

主発問2でより深く考えさせるための補助発問

補助発問2	どういうことが花を咲かせる理由でしょうか。

学習指導過程

	学習活動	発問と予想される子供の心の動き	指導上の留意事項
導入	○本時の課題を知る。	○「私たちが美しいと感じるもの」には，どんなものがあるでしょう。	・ねらいへの方向付けを行う。
展開	○教材を読む。 ①あやが辛抱することは正しいのかを考える。	○あやが祭りの着物を買ってもらうのを辛抱した時に花が咲いたとやまんばは言っているが，辛抱するのは正しいことでしょうか。 ・おとうとおかあが助かり，妹が喜んだので正しい。 ・自分だけが辛抱して辛いのは正しいとはいえない。 ・あやはすごいし偉いけど，正しいのかどうかは分からない。 ・あやがすごく我慢をしていると分かったら，家族は本当は嬉しくないから，正しくない。 ・あやがすごくかわいそうだから，正しくはない。	・ただ辛抱することが正しいとはいえないことを捉えさせる。 ・何でも辛抱することが正しいのではない場合もあることを捉えさせる。 ・辛抱することがよい場合とよくない場合があることを捉えさせる。
	②あやややふたごの上の子がした辛抱が花を咲かせた理由を考える。	○辛抱することが必ずしも正しいわけではないのに，あやややふたごの上の子がした辛抱が花を咲かせたのはどうしてでしょう。 ・なかなかできることではないから。 ・人のために辛抱しているのがすごいから，花を咲かせてほめたくなった。 ・人のために辛抱することはなかなかできないから，ごほうびをあげたくなった。 ・自分だけが得しようという気持ちがないから。	・人のための辛抱はなかなかできることではないので，正しくはないかもしれないが，私たちはそれを素晴らしい，美しいと感じることを理解させる。
	③人の心を美しいと感じる理由を考える。	○私たちが人の心を美しいと感じるのはどんな時でしょう。 ・なかなかできることではないから，人のために自分は気持ちを抑えて辛抱する時。 ・自分の得だけを考えずに，人のために我慢する時。	・人の心を美しいと感じる場合の理由を捉えさせる。
終末	○道徳ノートを書く。	○今日の学習で分かったことを書きましょう。	・今日の学習をふりかえらせることで，自分の学びを確認させる。

〈学習活動〉あやが辛抱することは正しいのかを考える

> **発問** あやが祭りの着物を買ってもらうのを辛抱した時に花が咲いたとやまんばは言っているが，辛抱するのは正しいことでしょうか。

C おとうとおかあが助かり，妹が喜んだので正しい。

C あやはすごいし，偉いと思う。だから，正しいのではないかな。

C 辛抱して人を喜ばせるのはいいことだから，正しい。

T 何でもかんでも辛抱することは正しいのですか？

C 周りが喜べば，いいんじゃないかな。

C 自分だけが辛抱して辛いのは正しいとはいえない気がする。

C 辛抱すれば，うまくいく。

T あやだけが辛抱すればよいのですね？

C それは違う気がする。

C でも，あやが辛抱したら花が咲いたし，いいことじゃないの？

T 花が咲くのはよいこと？

C あやは辛抱しているし，すごいから，いいこと。

T あやは，本当は，着物がほしくなかったの？

C ほしかったけど，我慢した。

T 偉いね。じゃあ，あやは，この先ずっと，我慢すればいいのですね。本当にそうでしょうか。

C それはどうかな。かわいそう。

C 自分だったら，いやだな。

T そうですよね。じゃあ，何でもかんでも，自分が辛抱することはよいことなのでしょうか。

C あやがすごく我慢をしていると分かったら，家族は喜びにくい。よくない。

C あやがすごくかわいそうだから，正しくはない。

C 自分がこうしたいとか，自分だけのためなら，辛抱したほうがいい時もある。

C 正しい時と正しくない時がある。

〈学習活動〉あややふたごの上の子がした辛抱が花を咲かせた理由を考える

> **発問** 辛抱することが必ずしも正しいわけではないのに，あややふたごの上の子がした辛抱が花を咲かせたのはどうしてでしょう。

C　正しくないかもしれないけど，あやの心がきれいだから。
T　心がきれいなことが花を咲かせるということですか？
C　心がきれいだということが，花が咲いたように感じるってことだと思う。
T　なるほど。では，どういうことが花を咲かせる理由でしょうか。
C　う〜ん。人を思う気持ちや行動。
T　人のことを思いやるということですか？　思いやりがあれば，きれいなのですか？
C　それだけじゃなくて，自分もしたいけど人のために辛抱している。
T　辛抱していると，美しいのですか？
C　辛抱してなかったら，そこまで美しいとは思わないかも。簡単にできる。
C　自分が得しようとか自分だけこうしたいって，欲望がないから。
T　欲望があると，美しくないのですか？
C　がつがつしてると，美しいとは思わない。

〈学習活動〉人の心を美しいと感じる理由を考える

> **発問** 私たちが人の心を美しいと感じるのはどんな時でしょう。

C　自分の気持ちは我慢して，人のために何かしてあげているのが分かった時。
C　ほしいとかしたいとか思っていても，我慢していることが分かった時。
C　自分勝手やわがままや得を考えるのではなくて，そういう気持ちを抑えて耐えている。
C　そんなことはなかなかできないから。

ねらいから見た評価のポイント

　本時の学習のよって子供一人一人に感動・畏敬の念についてどのような成長が見られたかどうかを評価するために，終末で「道徳ノート」に「今日の学習で分かったこと」を書かせる。そこに書かれていることから，子供が本時で何を学んだのか，学んだと考えているのかを見取り，それをどのように評価に反映させるかについてのポイントを示す。

◆本時の内容項目と子供の学んだことがずれていると判断されるもの

> 　人のことを考えてがまんすることが大切だと分かりました。わがままや自分勝手をしないで，がまんしようと思います。

　このノートに書かれていることは，節度・節制の内容であり，感動・畏敬の念ではない。学習した内容が本時の学習のねらいとはずれているので，評価することができない。

◆教材について子供がもともと分かっていたかどうか判断できないもの

> 　人のためにしんぼうすると花がさくと分かりました。私も花をさかせるようにしたいです。

　このノートに書かれていることは，教材に描かれていることではあるが，事実としてはありえないことである。花を咲かせるように，人のことを考えたいという意欲はあるが，ねらいに関連する子供の道徳性に関わる成長が見られたかどうかを評価することができない。

◆本時のねらいについて子供が学んだと思われるもの

> 　人の心を美しいと感じることがあると分かりました。自分のためではなく，人のためにしんぼうするすがたは，美しいと感じることがあります。

> 　人のためにがまんすることは難しいから，美しいと感じます。自分の得を考えてのこうどうだと，美しいとは思えないです。思いやりだけでも，美しいとは感じないです。

　これらのノートからは，本時のねらいを理解することができたと評価することができる。これらは，本時のねらいに沿ったものであり，学習を通さずに気づくことは困難であると考えるため，本時の学習の成果としての学びであると評価することができると考える。

（中山　真樹）

善悪の判断，自律，自由と責任【第5学年及び第6学年　A−（1）】

うばわれた自由

STEP1　具体的なねらいを設定する

①教材（うばわれた自由）の概要

　ジェラールは自分が王子であるという権威を振りかざし自分勝手な振る舞いばかりをしていた。ある時，国の決まりを破ったことを森の番人であるガリューに注意されるが，王子はその注意を聞くどころか反対にガリューを牢に入れてしまう。その後，ジェラールは王になるが，わがままは一層ひどくなる。そのため国は乱れ，とうとうジェラールも牢に入れられてしまう。

②子供にとって分かっていること，気づかせたいことから具体的なねらいまで

子供にとって分かっていること

内容項目について分かっていること	教材について分かっていること
・自由と自分勝手を一緒にしてはいけない。 ・「自由には責任が伴う」という言葉はよく聞かされている。 ・大人に許されるかどうかで行動しようとしており，自由について考えることはあまりない。	・地位が高ければ権限が大きく自由度も増すと考えている。 ・自由はよいことだが，自分勝手は許されない。

子供に気づかせたいこと

　ジェラールは，地位が高ければ権限が大きく自由度も増すと考えているが，その分だけ国全体へ影響も大きく，責任も重くなることには気づいていない。このジェラールの考え方は子供たちや私たちも忘れやすいところである。

具体的なねらい

　責任の重さは，立場によっても異なり，地位が高くなり，また権限が多くなり，自由度が増すほど，より多くのことを考える必要があり，同時に責任も重くなることを理解させる。

①授業づくりのポイント

　子供たちは「自由」という言葉に魅力を感じているが，「自由と自分勝手が違う」こともよく聞かされている。また，「自由には責任が伴う」という言葉を聞いたことのある者もいるだろう。ただ，これらの言葉を知っていたとしても，自由と自分勝手の線引きは大人でも難しいし，自由に責任が伴うということは，「自由にしてもよいが，それによって起こる結果については，自分が責任を負えばよい」という個人主義的な考え方に陥りやすい。学習指導要領解説にも「自由に伴う自己責任」という表現があることも気になるところである。そもそも，私たちは社会生活を営んでいるのであるから，そこでの自由は社会への影響を踏まえたものであるはずである。そうすると責任についても社会的なものを無視するわけにはいかない。

　そこで，本時は自由度の大きさと責任の重さの関係について考えさせることを通して，権限や自由度が大きな立場になればなるほど，それに伴って責任も重くなることを理解させたい。

②中心発問を考える

　そのことに気づかせるために，次の発問を通して考えさせる。

中心発問	このように国が乱れてしまったが，ジェラールが分かっていなかったことは何でしょうか。

③中心発問を生かす補助発問を考える

　上記の中心発問の意図に沿って子供により深く考えさせるためには，次のような補助発問が有効であると考える。

中心発問でより深く考えさせるための補助発問	
補助発問－1	王は，自由（さ）が大きいの（は何のため）でしょうか。
補助発問－2	王だからこそ許されないことは何でしょうか。それはなぜでしょうか。

④中心発問に至る主発問を考える

　中心発問での論点を明確にするためには，ジェラールの勘違いを捉えさせておく必要がある。そのために，次の二つの発問を行う。

主発問1　ジェラールは，どうしてガリューの言うことを聞かなかったのでしょうか。
　　　　　○ガリューの言っていることを正しくないと思っているのでしょうか。

主発問2　この国は乱れたが，ジェラールの考え方と関係があるのでしょうか。
　　　　　○一般の国民がジェラールのように自分勝手なことをしたら，このように国は乱れるでしょうか。

学習指導過程

	学習活動	発問と予想される子供の心の動き	指導上の留意事項
導入	○王様と家来の違いについて考える。	○王様と家来の違いは何ですか。 ・家来は王様の命令を聞かなければならない。 ・王様の方が自由が多い。	・王様は他の人よりも大きな権限をもち，自由であることを確認しておく。
展開	○教材を読む。 ①ガリューの言うことを聞こうとしないジェラールの考えについて考える。	○ジェラールは，どうしてガリューの言うことを聞かなかったのでしょうか。 ・自分のほうが地位が高いと考えているから。 ・自分の主張に家来は従わなければならない。 ・威張りたい。 ○（ジェラールは）ガリューの言っていることは正しくないと思っているのでしょうか。 ・たとえ正しくても，下の者が言うことだから聞かなくてもよいと思っている。	・地位が高い者は下の者の言うことを聞かなくてもよいというジェラールの勘違いを明らかにする。 ・たとえ自分が間違っていたとしても，王子だから少しぐらい許されるというジェラールの勘違いを明らかにする。
展開	②ジェラールの考え方と国が乱れたこととの関係について考える。	○ジェラールが王になるとこの国は乱れたが，ジェラールの考え方と関係があるのでしょうか。 ・王が自分勝手なことをしたから，人々もそうなってしまった。 ・みんなも国の決まりを守らなくなった。 ○一般の国民がジェラールのように自分勝手なことをしたら国は乱れるでしょうか。 ・乱れない。	・王が勝手なことをするので，人々も（自分もやってもよい・自分もやろう）と考えてしまった。王の態度を見て，みんなが勝手なことをするようになったという，王という立場の影響力の大きさを捉えさせる。
展開	③ジェラールが分かっていなかったことについて考える。	○このように国が乱れてしまったが，ジェラールが分かっていなかったことは何でしょうか。 ・王の行動は，影響力が大きいこと。 ・王は，一般の人々よりも責任が重いこと。 ・王は，自由度が大きい分だけ責任も重いこと。	・王の地位は自由度が大きくなる分だけ，責任も重くなること，また，人々に対する影響も大きくなることを理解させる。
展開	④王が人々よりも自由さが大きいのは何のためか考える。	○王が一般の人々よりも自由さが大きいのは何のためでしょうか。 ・国をよくするために大切なことを決めるため。 ・国民が幸せになるために行動するため。 ○王だからこそ許されないことは何でしょうか。それはなぜでしょうか。 ・自分のことだけを考えること。 ・王は，国のことも考えなければならないから。	・自由度の大きさと責任の重さの関係について考えさせる中で，自由度が大きくなるほど責任が重くなることと，その意味を理解させる。
終末	○道徳ノートを書く。	○今日の学習で分かったことを書きましょう。	・本時の学習で自覚が深まった事柄を整理させつつ，明確に意識させる。

〈学習活動〉ガリューの言うことを聞こうとしないジェラールの考えについて考える

> **発問** ジェラールは，どうしてガリューの言うことを聞かなかったのでしょうか。

C 家来は王子に従わなくてはならないと思った。

C 王子はルールに従わなくても大丈夫。

C 自分のやりたいことの邪魔をされたくなかった。

T （ジェラールは）ガリューの言っていることは正しくないと思っているの？

C ガリューは正しいが，自分は偉いから聞かなくてもよいと思った。

C 王子だから特別に許される。

〈学習活動〉ジェラールの考え方と国が乱れたことの関係について考える

> **発問** ジェラールが王になるとこの国は乱れたが，ジェラールの考え方と関係があるのでしょうか。

T あると思う人？　ないと思う人？（それぞれ挙手，理由を求める。）

C 私はないと思います。
　　なぜかというと，今みたいにSNSとかないから，一般の人みんなにばれないと思う。

C 王は権力があるからみんなも許すと思います。

C 私はあると思います。

C 王の周りの人が王のまねをして，それが国中に広がっていったと思います。

C 王は国で一番偉い人だから，みんなへの影響もあると思います。

C 王がルールを破ると一般の人も守りたくなくなる。

C 命令されても，勝手な人のことは聞きたくなくなる。

T では，一般の国民がジェラールのように自分勝手なことをしたら国は乱れたと思う？

C ならないと思う。王や王子は有名人だから影響が大きい。

C お手本や，憧れだと思う。
　　一般の人のやることは，あまり広まらないと思います。

C 一般の人がしても，「あの人はおかしい人だね」ということになるだけだと思う。

C やっぱり上の人が勝手なことをすると，国全体が悪くなる。

C みんな上の人のまねをしてしまう。

C 王は一般の人とは違う。

〈学習活動〉ジェラールが分かっていなかったことについて考える

> **発問** このように国が乱れてしまったが，ジェラールが分かっていなかったことは何でしょうか。

C　王や王子の行動は，影響力が大きいということ。

C　王は，一般の人々よりも責任が重いこと。

C　王は，みんなの手本にならなくてはならないこと。

C　王は，自由っぽいけれど，国民のことを考えなくてはいけないから大変。

C　王は，自由度が大きい分だけ責任も重いこと。

C　王だから許されることもあるけれど王だから許されないこともある。

〈学習活動〉王が人々よりも自由さが大きいのは何のためか考える

> **発問** 王が一般の人々よりも自由さが大きいのは何のためでしょうか。

C　国をよくするために大切なことを決めるため。

C　国民が幸せになるために行動するため。

T　王だからこそ許されないことは何ですか。そして，それはなぜですか？

C　自分のことだけを考えること。

　自分さえよかったらいいと思うこと。

C　王は，自分のことだけでなく，国のことを考えなければならないから。

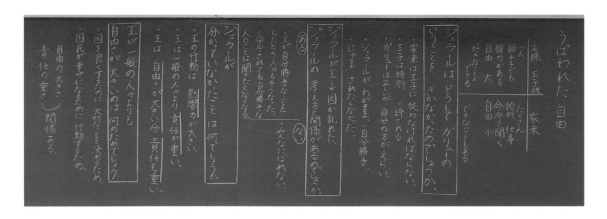

ねらいから見た評価のポイント

　授業の終末で子供に書かせた「今日の学習で分かったこと」から，子供が何を学んだかを見取り，評価するためのポイントを示す。

◆**本時の内容項目について子供がもともと分かっていたかどうか判断できないもの**

> 自由はいいけど，自分勝手はいけないと思いました。
> 自由と自分勝手は全然違うということがわかりました。

　このノートに書かれている自由と自分勝手が違うということは，本時の学習によって知ったのか，もともと知っていたのか区別することができないため，これだけでは道徳性に関わる成長が見られたかどうかを評価することができない。

◆**教材について子供がもともと分かっていたかどうか判断できないもの**

> 自由と，自分勝手の違いがわかりました。
> 王子は国の代表だから，自由が大きいと思いました。

　このノートに書かれていることは，教材文から読み取ることができるが，これで子供の道徳性に関わる成長が見られたかどうかを評価することはできない。

◆**本時のねらいについて子供が学んだと思われるもの**

> 王子はえらいからこそ，ルールを守らないといけないことがわかりました。
> えらい人が自分勝手なことをすると，国民が見習って，国が乱れることがわかりました。

> 王様が，自由で好き勝手にしてしまうと国民たちもまねをして，国が乱れてしまうので，王様がしっかりしなくてはならない。それは，係のリーダーといっしょで，リーダーがしっかりしないといけないのだな，と思いました。

　これらのノートからは，本時のねらいを理解することができたと評価することができる。これらは，5年生の子どもにとっては，本時の学習を通さずに気づくことは困難であると考えるため，本時の学習の成果としての学びであると評価することができると考える。

（髙月　敏江）

親切，思いやり【第5学年及び第6学年　B−（7）】

くずれ落ちた段ボール箱

STEP1　具体的なねらいを設定する

①教材（くずれ落ちた段ボール箱）の概要

　わたしと友子が，ショッピングセンターに入ろうとすると，おばあさんと一緒に前を歩いていた男の子が，積み上げられている段ボール箱を崩して落としてしまった。男の子がそのまま店の中に入ってしまったので，困っていたおばあさんの代わりに，わたしと友子は，段ボール箱を整理した。ところが，片付けている二人を見て，二人が段ボール箱を崩したと誤解した店員に叱られてしまう。おばあさんが男の子を連れて戻り，お礼を言ったのは，店員が立ち去った後だった。その数週間後，誤解したことに気づいた店員からのお詫びとお礼が書かれた手紙が学校に届き，朝会の時に，校長先生に読み上げられたので，晴れ晴れとした気持ちになる。

②子供にとって分かっていること，気づかせたいことから具体的なねらいまで

子供にとって分かっていること

内容項目について分かっていること	教材について分かっていること
・親切とは，困っている人を助けること。 ・困っている人に，親切にすることはよいこと。 ・困っている人に，親切にすると喜ばれる。	・困っている人を見ると，助けたくなる。 ・親切にした行為を，誤解されると悔しい。 ・親切にすると，誤解されても後で誤解が解け，謝罪され感謝されることがあるかもしれない。

子供に気づかせたいこと

・他の人に誤解されても，自分が親切にしたことで困っている人が助かると嬉しい。
・お礼を言われなくても，困っている人を思いやって，親切にすることはよいこと。

具体的なねらい

　たとえ誤解されたり，お礼を言ってもらえなかったりしても，相手のためを思って行ったことは親切であり，相手に対する思いやりから出た行為であることに変わりないことに気づかせる。

STEP2　ねらいから授業をつくる

①授業づくりのポイント

　子供たちは，困っている人の気持ちを思いやり，親切にすることはよいことであることは分かっている。しかし，困っている人が知らない人であったり，突発的な場面であったりすると，とても勇気がいる。また，勇気を出して親切な行いをしたとしても，相手や周りの人に分かってもらえないこともある。本教材においても，「わたしと友子」は，親切な行いをしたにもかかわらず店員から誤解され叱られてしまった。しかし，本教材では，数週間後，誤解に気づいた店員からお詫びとお礼の手紙が学校に届けられ，朝会で披露されたため，いやな思いは払拭された。だが，現実にはいつも誤解が解けるわけではない。授業では，「誤解されたまま」の場合の「片付けの手伝い」の意味を問うことで，親切な行いは，称賛されるために行うのではなく，親切な行いそのものが自分にとって価値のある行いであることに気づかせたい。

②中心発問を考える

　そのことに気づかせるために，次の二つの発問を通して考えさせる。

中心発問ア	おばあさんがお礼を言いに来た時，わたしたちが店員さんに叱られたことを言わなかったのはどうしてでしょう。
中心発問イ	この後，誤解が解けて，田口さんから心のこもった手紙をもらいましたが，もしも誤解されたままだったら，片付けを手伝わないほうがよかったでしょうか。

③中心発問を生かす補助発問を考える

　上記の中心発問の意図に沿って子供により深く考えさせるためには，次のような補助発問が有効であると考える。

中心発問アでより深く考えさせるための補助発問	
補助発問ア−1	おばあさんが男の子を連れて戻って来た様子を見て，どう思ったでしょう。
補助発問ア−2	叱られたことを言ったら，おばあさんはどんな気持ちになるでしょう。

中心発問イでより深く考えさせるための補助発問	
補助発問イ−1	二人のしたことは，意味がなかったのでしょうか。
補助発問イ−2	田口さんは，二人のどんな気持ちに心を打たれたのでしょうか。

④中心発問に至る主発問を考える

　中心発問アでわたしと友子さんの，おばあさんを思いやる気持ちを捉えさせるためには，店員さんに誤解され叱られた時のわたしと友子さんの悔しさを理解させておく必要がある。

　主発問2　店員さんに誤解され，叱られたわたしと友子さんは，どんなことを思っているでしょう。

学習指導過程

	学習活動	発問と予想される子供の心の動き	指導上の留意事項
導入	○本時の課題を知る。	○今日は「親切にすること」には，どんな意味があるのかを考えましょう。	・ねらいへの方向付けを行う。
展開	○教材を読む。 ①段ボール箱の整理を手伝ったわたしと友子さんの気持ちを考える。	○わたしと友子さんが，段ボール箱の整理を手伝ったのはなぜでしょう。 ・おばあさんが困っていたから。 ・だれも手伝わないから。 ・おばあさんがかわいそうで，ほっておけなかったから。	・困っているおばあさんの様子を見て，助けたくなった気持ちを捉えさせる。
	②店員さんに叱られた時のわたしと友子さんの気持ちを考える。	○店員さんに誤解され，叱られたわたしと友子さんは，どんなことを思っているでしょう。 ・悪いことをしていないのに，なぜ，叱られなければならないのだろう。 ・誤解されているみたいだけど，恥ずかしくて言えない。 ・手伝わなければよかった。	・店員さんに誤解され，たくさんの人の前で叱られた恥ずかしさと，悔しさを捉えさせる。 ・こんなことなら，手伝わなければよかったという思いも捉えさせる。
	③わたしたちが店員さんに叱られたことをおばあさんに言わなかった理由を考える。	○おばあさんがお礼を言いに来た時，わたしたちが店員さんに叱られたことを言わなかったのはどうしてでしょう。 ・男の子が見つかって安心しているおばあさんに気をつかわせたくなかったから。 ・おばあさんが責任を感じて申し訳なく思ってしまうから。	・男の子を無事に見つけられ，二人に感謝するおばあさんに，いやな思いをさせまいと，思いやる気持ちがあったことに気づかせる。
	④二人が片付けを手伝った意味について考える。	○この後，誤解が解けて，田口さんから心のこもった手紙をもらいましたが，もしも誤解されたままだったら，片付けを手伝わないほうがよかったでしょうか。 ・手伝ったほうがいい。男の子が迷子にならなくて済んだから。 ・おばあさんを助けることができて，わたしも嬉しかったと思うから，手伝ったほうがいい。	・他の人に誤解されても，困っている人に親切にしたことで，その人が助かれば嬉しいし，だれからもほめられなくても親切にすれば気持ちがいいことを理解させる。
終末	○道徳ノートを書く。	○今日の学習で分かったことを書きましょう。	・今日の学習をふりかえらせることで，自分の学びを確認させる。

〈学習活動〉段ボール箱の整理を手伝ったわたしと友子さんの気持ちを考える

> **発問**　わたしと友子さんが，段ボール箱の整理を手伝ったのはなぜでしょう。

C　おばあさんが，大変そうだったから。

T　おばあさんは，なぜ，大変そうだったの。

C　男の子を追いかけなくてはいけないし，段ボール箱の整理もしないといけないから。

C　おばあさんを助けないと，男の子が迷子になってしまう。

C　周りの人も，だれも手伝おうとしていなかったから。

〈学習活動〉店員さんに叱られた時のわたしと友子さんの気持ちを考える

> **発問**　店員さんに誤解され，叱られたわたしと友子さんは，どんなことを思っているでしょう。

C　「なんで叱られなくてはいけないの」と怒っていた。

C　「わたしたちは，何も悪いことはしていないのに」と思った。

T　だれに対して，そう思ったの。

C　店員さんに対して。

T　店員さんに対して，ものすごく怒っていたのですね。

〈学習活動〉わたしたちが店員さんに叱られたことをおばあさんに言わなかった理由を考える

> **発問**　おばあさんがお礼を言いに来た時，わたしたちが店員さんに叱られたことを言わなかったのはどうしてでしょう。

C　おばあさんに心配をかけたくないから。

T　心配をかけたくないのですね。どうしてでしょう。

C　……。

T　おばあさんが男の子を連れて戻って来た様子を見て，どう思ったでしょう。

C　いやな思いはしたけど，男の子が見つかってよかった。

C　ほっとした。

T　叱られたことを話したら，おばあさんはどんな気持ちになるでしょう。

C　「悪いな」と思って困ってしまう。

C　自分たちが「手伝う」って言ったから，いやな思いをしても仕方がない。

C　おばあさんに気をつかわせたくない。

〈学習活動〉二人が片付けを手伝った意味について考える

> **発問**　この後，誤解が解けて，田口さんから心のこもった手紙をもらいましたが，もしも誤
> 解されたままだったら，片付けを手伝わないほうがよかったでしょうか。

C　手伝って，損をした気持ちになったと思う。

T　二人のしたことに意味はなかったのでしょうか。

C　意味はあった。男の子が迷子になっていたかもしれない。

T　田口さんは，二人のどんな気持ちに心を打たれたのでしょうか。

C　おばあさんが，かわいそうだと思って，手伝ったところ。

T　おばあさんが，かわいそうなのですか。おばあさんの孫が，段ボール箱を崩したから，仕
　　方がないのではないですか。

C　おばあさんは，男の子を追いかけなくてはいけないし，段ボール箱の片付けもしなくては
　　いけないので，とても困っていた。

C　周りの人も，手伝おうとしなかった。

C　おばあさんは，二人の知り合いではないけれど，それでも，とても困っているおばあさん
　　を見て助けようとした気持ちに，田口さんは心を動かされた。

C　それに，おばあさんが助かって，二人とも嬉しかったと思う。

T　おばあさんに対してそう思っていたのですね。

C　だから，誤解されたままでも，それは関係ない。手伝ってよかったと思う。

ねらいから見た評価のポイント

　本時の終末で「道徳ノート」に書かせた「今日の学習で分かったこと」から，子供がこの1時間で親切について何を学んだのか，学んだと考えているのかを見取り，それをどのように評価に反映させるかについてのポイントを示す。

◆本時の内容項目について子供がもともと分かっていたかどうか判断できないもの

> 　こまっている人に親切にするのがよいことが分かりました。

> 　こまっている人に親切にすると，とてもいい気持ちになるということが，わかりました。

　このノートに書かれている親切が気持ちがよいということは，本時の学習によって知ったのか，もともと知っていたのかを区別することができないため，これだけでは道徳性に関わる成長が見られたかどうかを評価することができない。

◆教材の読み取りから学んだのか，学習から学んだのか判断できないもの

> 　だれかを助けると，いつか必ずいいことがあるのだと思いました。進んで人を助けることが大事なんだと思いました。

　このノートに書かれていることは，教材からは読み取れるが，必ずそうなるとは限らないため，本時のねらいに関わる成長が見られたかどうかを評価することができない。

◆本時のねらいについて子供が学んだと思われるもの

> 　親切にすれば必ずいいことが起こるとは限らない。時にはいやな思いをすることがあるけど，親切にすると相手が喜んでくれるので，自分もうれしくなるということが分かりました。

> 　親切にしたことで，だれかにご解されしかられることがあったとしても，相手のために親切をしたことには変わりはない。これから，こまっている人がいたら，迷わず親切にしたいです。

　これらのノートから，本時の学習の成果としての学びがあったと評価することができると考える。

（加藤　みゆき）

公正，公平，社会正義【第5学年及び第6学年　C－（13）】

名前のない手紙

STEP1　具体的なねらいを設定する

①教材（名前のない手紙）の概要

　主人公の「わたし」は，突然親友のミッコやクラスの女の子たちから仲間はずれにされる。しかし，ひとりぼっちで辛い毎日を過ごしているわたしを支えてくれたのは，たびたび筆箱に入れられる名前のない手紙だった。そんなある日，転校する吉野さんがわたしの仲間はずれをクラスのみんなの前で謝ってくれたおかげで，わたしのひとりぼっちが終わった。

②子供にとって分かっていること，気づかせたいことから具体的なねらいまで

子供にとって分かっていること

内容項目について分かっていること	教材について分かっていること
・いじめはいけない。 ・いじめは絶対に許さないという気持ちが大切。 ・どんな時も，自分自身の考えをしっかりもち，周りに流されない毅然とした態度が必要だ。	・仲間はずれにされたら辛い思いをする。 ・仲間はずれになっている友達を，手紙で勇気づけることができる。 ・勇気をもって正直に謝ればまた元の仲のよい友達に戻れる。

子供に気づかせたいこと

・自分も仲間はずれにされたくないから，悪いと分かっていてもつい一緒に仲間はずれをしてしまうことがある。
・集団は，一人ではどうしようもない力（雰囲気や環境など）をつくりだす。
・いじめられている人はもちろん，いじめている人も，それを止められない人も，だれ一人幸せな気持ちにはならない。
・いじめを心からのぞんでいる者は一人もいない。

具体的なねらい

　いじめはだれにでも起こる可能性があり，一度始まると「自分もいじめられたくない」という思いから一人の力では簡単には止められないことを知る。しかし，本来いじめを心からのぞむ者などいないことに気づかせる。

STEP2　ねらいから授業をつくる

①授業づくりのポイント

　子供たちは，いじめが悪いことやいじめられたらすぐに親や先生に相談するなどの対処法を知っている。しかし現実には，大人も気がつきにくい子供たちなりの社会が形成されており，同学年でありながら力の上下関係があったり，悪いと分かっていてもいじめに加わってしまったりして正しく行動できない場合がある。そこで，そうした実態を共感的に受け止め，その上でどうすればいじめを防いだり止めたりすることができるかを考えさせる。ただし，そっと手紙を書いて励ましてあげるとか，勇気をもって謝るなどといった方法論や精神論に終始せず，なぜ手紙をそっと書いていたのか，なぜ転校間際に告白することができたのかなど，それぞれの思いを考えながら，ねらいに迫れるようにする。また，中心発問「いじめを心からのぞんでいたのはだれか」に対して，子供は「ミッコ」と答えることが十分に予想される。しかし，何週間もの間ずっとのぞんでいたのかや，そもそもはじめはどんな気持ちで無視するに至ったのか，さらには次第に元のミッコに戻ったことなどを熟考すれば，ミッコ自身でさえいじめを心からのぞんではいなかったのではないかと，考えをより深めることになる。

②中心発問を考える

　中心発問を通して，その意見の理由を丁寧に引き出すことでねらいに迫る。

中心発問	この中で心からいじめをのぞんでいた人はだれだと思いますか。

③中心発問を生かす補助発問を考える

　上記の中心発問の意図に沿って子供により深く考えさせるためには，次のような補助発問が有効であると考える。

中心発問でより深く考えさせるための補助発問	
補助発問1	ミッコがいじめを始めたのだからミッコはいじめをのぞんでいたのではないか。
深めた考えをもとに，さらに多面的・多角的な見方を引き出すための補助発問	
補助発問2	だれもいじめをのぞんでいないのに，いじめが止まらなかったのはなぜですか。
補助発問3	この（主人公の）クラスのよかったところは何ですか。

④中心発問に至る主発問を考える

　中心発問でだれもいじめなどのぞんでいないということを捉えさせるために，「わたし」の他にもこのいじめに否定的な人たちがいることを理解させておく必要がある。

主発問2	手紙を書いた人や吉野さんは，このクラスの状況をどう思っていたのでしょう。
主発問3	吉野さんに続いて「わたしも。」と言った人たちはどう思っていたのでしょう。
主発問4	ミッコはどう思っていたのでしょう。

	学習活動	発問と予想される子供の心の動き	指導上の留意事項
導入	○本時の課題を知る。	○今日は「いじめを未然に防いだり，あるいは止めたりするために大切なことは何か」について考えましょう。	・ねらいへの方向付けを行う。
展開	○教材を読む。 ①いじめられた子の気持ちを考える。 ②手紙を書いた人や吉野さんの気持ちを考える。 ③周囲の人たちの気持ちを考える。 ④いじめの発端となったミッコの気持ちを通して，いじめについて深く考える。 ⑤本当にいじめをのぞんでいた人について考える。 ⑥いじめに関する多面的，多角的な視野をもつ。	○ある日突然，仲間はずれになってしまったわたしはどんな気持ちですか。 　・何か悪いことしたのかな。　・悲しい。 　・学校に行きたくない。　・先生に言いたい。 ○手紙を書いた人や吉野さんは，このクラスの状況をどう思っていたのでしょう。 　・かわいそう。　・ごめんね。 　・どうにかしたい。 ○どうして名前を書かなかったのですか。 　・もしミッコにばれたら自分もいじめられるかもしれないから。 ○吉野さんに続いて「わたしも。」と言った人たちはどう思っていたのでしょう。 　・ごめんね。 　・助けたい（悪いと分かっている）。 　・一人一人の気持ちは分からないから言い出せなかった。 ○ミッコはどう思っていたのでしょう。 　・こんなにひどくなるとは思わなかった。 　・最初は軽い気持ちだったけどだんだん後悔した。 ○この中で心からいじめをのぞんでいた人はだれだと思いますか。 　・ミッコ 　・だれもいじめなどのぞんでいない。 ○だれもいじめをのぞんでいないのに，いじめが止まらなかったのはなぜですか。 　・お互いに警戒し合っていた（言えない雰囲気）。 ○このクラスのよかったところは何ですか。 　・わたしの心までひとりぼっちにしなかった。	・クラスメイトから仲間はずれにされたわたしの気持ちに寄り添い，十分に共有させる。 ・手紙の差出人や吉野さんはいじめをのぞんでいなかったことに気づかせる。 ・匿名の意図も確認する（悪いと分かっていても逆らえない雰囲気がある）。 ・手紙の差出人や吉野さん以外の人たちもいじめをのぞんでいなかったことに気づかせる。 ・補助発問1でゆさぶってより深く考えさせたい。 ※補助発問は子供の反応に応じて活用する。 ・ミッコの行動等から本当にいじめをのぞんでいたか熟考させる。 ・補助発問2，3を通して多面的，多角的な見方を引き出せるとよい。
終末	○道徳ノートを書く。	○今日の学習で分かったことを書きましょう。	・今日の学習をふりかえらせることで，自分の学びを確認させる。

〈学習活動〉いじめられた子の気持ちを考える

発問 ある日突然，仲間はずれになってしまったわたしはどんな気持ちですか。

C　何か悪いことでもしたのかな。

C　悲しい。

T　何が悲しいのですか。

C　友達が一緒に遊んでくれないことや，しゃべってくれないことが。

C　そんなだったらもう学校に行きたくないと思う。

C　先生に言いたい。

T　どうして先生に言わなかったの。

C　先生に言ったら，「先生に言ったでしょ」ってまた余計いじめられるから。

〈学習活動〉手紙を書いた人や吉野さんの気持ちを考える

発問 手紙を書いた人や吉野さんは，このクラスの状況をどう思っていたのでしょう。

C　かわいそう。ごめんね。

T　何が「かわいそう」で，何が「ごめんね」なのですか。

C　ひとりぼっちはかわいそうだし，自分がいけないことをしていると分かっているから。

T　自分ではいけないことをしているって分かっているんだね。それならちゃんと名前も書いてあげたほうがもっと力になれたと思わないですか。

C　名前はわざと書いてないんだよ。だってもし名前を書いていて，その手紙をどっかに落としたりしたら，だれが書いたかばれちゃうから。

C　ばれたらミッコの指令に逆らっているって，今度は自分もいじめられるかもしれない。

T　なるほどね。それじゃあ吉野さんは名乗ったし，どんな思いだったと思う？

C　自分も仲間はずれにしていたけど，本当は助けたかった。

C　みんなに問題がある。いつかは言わないと自分が転校した後も続いてしまう。

〈学習活動〉周囲の人たちの気持ちを考える

発問 吉野さんに続いて「わたしも。」と言った人たちはどう思っていたのでしょう。

C　ごめんね。

T　何が「ごめんね」なの？

C　悪いことをしているって分かっているのにやってしまっているから。

C　一人一人の気持ちは分からないから，もしやめようなんて言って自分がいじめられたらいやだから，お互いに遠慮し合っていたんじゃないかな。

C　本当はいやだった。助けてあげたかった。でもミッコがこわかったと思う。

T　手紙を書いた人も，吉野さんも，そして周りの人たちもみんな「助けたい」とか「ごめんね」という気持ちがあって，悪いことをしているという気持ちもあったんだね。この人たちはみんないじめをのぞんでいたのかな。

C　だれものぞんでいない。

〈学習活動〉いじめの発端となったミッコの気持ちを通して，いじめについて深く考える

> **発問**　ミッコはどう思っていたのでしょう。

C　私より点数が高くてムカつく。

C　もうやめたほうがいいのかな。

C　かわいそうだな。でもまだムカつく。

> **発問**　この中で心からいじめをのぞんでいた人はだれだと思いますか。

C　ミッコ。

T　それならどうしてミッコは元のミッコに戻ったの？　そのままいじめていたらいいのに。

C　最初は少しいじわるしたかっただけで，心からいじめたいとは思っていなかったと思う。

T　そうすると結局このクラスのだれもがいじめなんかのぞんでいなかったんだね。それでもいじめが止まらなかったのはなぜだろうね。（続く……）

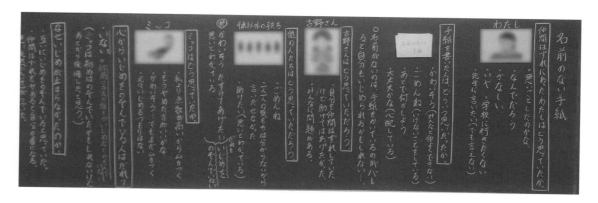

ねらいから見た評価のポイント

　本時の学習で，いじめや公正・公平について子供にどのような学びが見られたかを評価するために，終末で「道徳ノート」に「今日の学習で分かったこと」を書かせる。そこに書かれていることから，子供がこの1時間で何を学んだのか，学んだと考えているのかを見取り，それをどのように評価に反映させるかについてのポイントを示す。

◆**本時の内容項目について子供がもともと分かっていたかどうか判断できないもの**

> 　ぼくはいじめはだめだとわかりました。もしだれかいじめられていたら，周りに流されないでだめなことはだめと言いたいです。

　このノートに書かれているいじめはだめだということは，本時の学習によって知ったのか，もともと知っていたのか区別することができないため，これだけでは道徳性に関わる成長が見られたかどうかを評価することができない。

◆**教材について子供がもともと分かっていたかどうか判断できないもの**

> 　仲間はずれにされたらだれだってつらいと思います。もしそんな人がいたら，私も手紙とかでささえてあげたいと思いました。

　このノートに書かれているいじめられている人を支えたいということは，教材から分かることであり，また，価値の理解ではなく単に方法だけに着目しているため，本時のねらいに向けての道徳性に関わる成長が見られたかどうかを評価することができない。

◆**本時のねらいについて子供が学んだと思われるもの**

> 　いじめを心からのぞんでいる人などいないことがわかりました。そして，いじめはかんたんに始まるけど，止めることはむずかしいと思いました。

> 　このクラスは，いじめをしたことはよくないけど，本当は，みんな「それじゃいけない」と思っていたし，何とかしようとしていた人がいたのはいいと思いました。

　これらのノートからは，本時のねらいを理解することができたと評価することができる。これらは，本時の学習を通さずに気づくことは困難であると考えるため，本時の学習の成果としての学びであると評価することができると考える。

（眞榮城　善之介）

友情，信頼【第5学年及び第6学年　B－(10)】

ロレンゾの友達

STEP1　具体的なねらいを設定する

①教材（ロレンゾの友達）の概要

　20年ぶりに故郷に帰るロレンゾが三人の友達に会いたいと連絡をしたが，ロレンゾが罪を犯して警察に追われているという噂があり，それに戸惑う三人の様子が描かれている。三人はロレンゾが罪を犯したことを前提にあれこれと考え始める。アンドレは黙って逃がすと言い，サバイユは自首を勧めることと逃がすこととの間に揺れ，ニコライは警察に連絡することを考えていた。結局，その噂は間違いだったということになり，旧知の四人はあらん限りの力で抱きしめ合い，友情を確かめ合う。

②子供にとって分かっていること，気づかせたいことから具体的なねらいまで

子供にとって分かっていること

内容項目について分かっていること	教材について分かっていること
・友達は大切な存在であり，お互いを思いやる気持ちが大切である。 ・本当の友情とは，友達のためを思って，厳しいことを言ったり，励ましたりすることができることである。	・罪を犯したとされるロレンゾが故郷に帰って来るにあたり三人の友達は再会を楽しみにする一方，どのように友に対応するか悩んでしまう。 ・三人が，かしの木の下で話し合ったことをロレンゾには告げなかった。

子供に気づかせたいこと

・本当の友情とは，友達を信頼することで成り立つ。
・本当の友情には，優しさや思いやり，厳しさなどが必要だが，そのためには，友達を信頼することを忘れてはいけない。

具体的なねらい

　三人それぞれの対応のあり方やそれぞれについて足りない点を考える中で，よりよい友達関係であるためには，信じることが大切であることに気づかせる。

STEP2　ねらいから授業をつくる

①授業づくりのポイント

　ロレンゾを思うアンドレ，サバイユ，ニコライ三人の意見はそれぞれ異なっているが，友達のことを考えて行動しているという気持ちは同じである。子供たちは，三人の行動について考えることで，友達のことをよく考えて行動することが互いの信頼につながることに気づくことができる。一方で，三人はロレンゾが罪を犯したことに疑いをもっておらず，罪を犯したことを前提にあれこれ考え，悩んでいる。本教材を通して，本当の友情を築くためには，まず友達を信じることが欠かせないことに気づかせたい。

②中心発問を考える

　そのことに気づかせるために，次の二つの発問を通して考えさせるとともに，三人の気持ちを比較させることが有効であると考える。

中心発問ア	三人は，本当にロレンゾが罪を犯していないと思っていたのでしょうか。
中心発問イ	なぜ三人は，かしの木の下で話し合ったことを，ロレンゾの前で口にしなかったのでしょうか。

③中心発問を生かす補助発問を考える

　上記の中心発問の意図に沿って子供により深く考えさせるためには，次のような補助発問が有効であると考える。

中心発問アでより深く考えさせるための補助発問	
補助発問ア－1	三人は，それぞれに，自分ならこうすると言っているが，三人ともロレンゾが罪を犯したと考えていたのではないでしょうか。
補助発問ア－2	「少しは心配もしたけど」と言っているが，本当に少ししか心配していなかったのでしょうか。
中心発問イでより深く考えさせるための補助発問	
補助発問イ－1	ロレンゾは，三人とも罪を犯したと思っていたことを知ったら，どんな気持ちになるでしょうか。
補助発問イ－2	ロレンゾを疑い，信じてやれなかった三人はどんなことを考えていたでしょうか。

④中心発問に至る主発問を考える

　中心発問アで，三人がロレンゾのことを信じてやれなかったことを捉えさせるために，もしロレンゾが訪ねて来たらどう接すればよいか悩むことを理解させておく必要がある。

　主発問2　三人は，黙り込んだまま家路につきましたが，どんなことを考えながら家路についたのでしょうか。

	学習活動	発問と予想される子供の心の動き	指導上の留意事項
導入	○本時の課題を知る。	○今日は「本当の友情」について考えます。	・ねらいへの方向付けを行う。
展開	○教材を読む ①ロレンゾが三人に電報を出した気持ちを考える。 ②黙って家路につく三人の気持ちを考える。 ③ロレンゾに会った時の三人の気持ちを考える。 ④かしの木の下で話し合ったことを三人が口にしなかった理由を考える。	○ロレンゾは，なぜ三人に会いたいと思っているのでしょうか。 ・仲のよい友達だったから。 ・20年も会っていなかったので，久しぶりに会いたいと思ったから。 ○三人は，黙り込んだまま家路についた時，どんなことを考えていたでしょう。 ・どうして来なかったのだろう。 ・ロレンゾは大丈夫なのか。 ・警察に捕まったのかな。 ・ロレンゾが，もし家に来たらどうしよう。 ○三人は，本当にロレンゾが罪を犯していないと思っていたでしょうか。 ・ちょっとは疑っていたと思う。 ・三人ともロレンゾが罪を犯したと思っている。 ・ロレンゾのことを心から心配していたけど，ロレンゾが罪を犯したと考えていた。 ・ロレンゾが盗んだと思って，三人はあれこれ考えて心配していた。 ○なぜ三人は，かしの木の下で話し合ったことを口にしなかったのでしょうか。 ・疑っていたことを知ったら，ロレンゾが傷つくかもしれないから。 ・友達として，疑っていたことをロレンゾに知られたくなかったから。 ・ロレンゾがショックを受けると思ったから。 ・ロレンゾを信じてやれなかった後悔の気持ちをもっているから。	・友達に会いたいというロレンゾの気持ちの強さを考えさせることで，四人が仲のよい友達だったことを捉えさせる。 ・三人が，ロレンゾが罪を犯していると思っているとともに，心配をしていることにも気づかせる。 ・三人はロレンゾのことを心配していたが，罪を犯したと思っていたことも捉えさせる。 ・三人ともロレンゾが罪を犯したことを前提に悩んだり心配したりして，友を信じることができなかったことに対して，後ろめたさや後悔の気持ちがあったことに気づかせる。
終末	○道徳ノートを書く。	○今日の学習で分かったことを書きましょう。	・今日の学習をふりかえらせることで，自分の学びを確認させる。

110

授業の実際

〈学習活動〉ロレンゾが三人に電報を出した気持ちを考える

> **発問** ロレンゾは，なぜ三人に会いたいと思っているのでしょうか。

C　仲のよい友達だったから。

C　20年も会っていなかったので，久しぶりに会いたいと思ったから。

T　会ってどんな話をしたいと思っているのでしょうか？

C　会わなかった間の出来事。

C　昔の思い出話。

T　かしの木の下は，四人にとってどんな場所でしょうか？

C　いつも遊んでいた思い出の場所。

C　会う約束をした時の集合場所。

〈学習活動〉黙って家路につく三人の気持ちを考える

> **発問** 三人は，黙り込んだまま家路についた時，どんなことを考えていたでしょう。

C　ロレンゾのことを心配している。

C　どうして来なかったのだろう。

C　ロレンゾはどこにいるのだろう。

C　ロレンゾは大丈夫なのかな。

C　明日は来るのかな。

C　警察に捕まったのかな。

T　眠れないまま夜を明かした三人はどんなことを考えていたのでしょうか？

C　ロレンゾが家に来たら困るな。

C　もし来たら，どんな言葉をかければいいのか分からない。

〈学習活動〉ロレンゾに会った時の三人の気持ちを考える

> **発問** 三人は，「よかった，よかった。君は絶対にそんなことをしないと思っていたよ。」と言っているが，本当にロレンゾが罪を犯していないと思っていたでしょうか。

C　三人ともロレンゾのことを疑っていた。

T　どれぐらい疑っていたのかな？

C　ちょっとは疑っていた。

C　ロレンゾは罪を犯していたと心の中では思っていたと思うよ。

C　最初は罪を犯したとは思っていなかったかもしれないけど，もしかしたらと考えが変わったんだと思う。

T　なるほど。三人はロレンゾが罪を犯したと思い込んでいたということだね。

C　だから，自首を勧めると言っていたのだな。

〈学習活動〉かしの木の下で話し合ったことを三人が口にしなかった理由を考える

> 発問　なぜ三人は，かしの木の下で話し合ったことを口にしなかったのでしょうか。

C　疑ったことを知られたくなかったから。

T　どうして知られたくなかったの？

C　ロレンゾが傷つくし，悲しむから。

C　ロレンゾとの友達関係が崩れるから。

C　ロレンゾから嫌われて，友達を失うかもしれないから。

C　ロレンゾを疑ったことを隠したかった。

C　警察の情報を信じて，ロレンゾを信じていなかったことを知られたくなかったから。

C　ロレンゾを犯人扱いしてしまって，恥ずかしいと思っている。

T　「ロレンゾを信じていなかった」と言っていたけど，ロレンゾを信じ切ることができなかった三人はどんなことを考えていたのだろうか？

C　ロレンゾを疑ってしまい申し訳ない気持ちがあった。

C　どうして警察の噂を信じて，ロレンゾを信じてあげられなかったのか悔しい。

C　信じてあげられなかった自分が情けない。

C　これからはロレンゾをはじめとする友達のことを信じていきたい。

ねらいから見た評価のポイント

　本時の学習から，友情について子供たちにどのような成長が見られたかを評価するために，終末で「道徳ノート」に「今日の学習で分かったこと」を書かせる。そこに書かれていることから，子供がこの1時間で何を学んだのか，学んだと考えているのかを見取り，それをどのように評価に反映させるかについてのポイントを示す。

◆本時の内容項目について子供がもともと分かっていたかどうか判断できないもの

> 　友達は大切な存在であり，お互いのことを思いやる気持ちが大切であるがことがわかりました。

　このノートに書かれている友達は大切，互いを思いやることが大切など，本時の学習によって知ったのか，もともと知っていたのか区別することができないため，これだけでは道徳性に関わる成長が見られたかどうかを評価することができない。

◆教材について子供がもともと分かっていたかどうか判断できないもの

> 　3人が，かしの木の下で話し合ったことをロレンゾには告げなかったのはロレンゾのことを考えてのことだったということがわかりました。

　このノートに書かれていることは，本時のねらいに気づいたと判断することができないため，子供の道徳性に関わる成長が見られたかどうかを評価することができない。

◆　本時のねらいについて子供が学んだと思われるもの

> 　3人は，親友としてロレンゾのことを信じることが足りなかったとわかりました。本当の友達だったら，友達を信じることが大切だということがわかりました。

> 　本当の友達であるためには，まず信じることが大切であり，お互いに信頼できる存在が必要だとわかりました。

　これらのノートからは，本時のねらいを理解することができたと評価することができる。これらは，本時の学習を通さずに気づくことは困難であると考えるため，本時の学習の成果としての学びであると評価することができると考える。

（田中　清彦）

相互理解，寛容【第5学年及び第6学年　B－（11）】

ブランコ乗りとピエロ

STEP1　具体的なねらいを設定する

①教材（ブランコ乗りとピエロ）の概要

　大王アレキスを招いてのサーカスの初日，ブランコ乗りのサムは，サーカス団のリーダーであり古くからのスターであるピエロの忠告を聞かず，約束の演技時間を過ぎてしまう。ピエロは自分勝手で言うことを聞かないサムに対してずっと腹を立てていた。しかし，演技に対してだれよりも努力しているサムの姿に気づいたピエロは，サムを認める。その後，お互いは相手を認め，理解し合っていく。

②子供にとって分かっていること，気づかせたいことから具体的なねらい

子供にとって分かっていること

内容項目について分かっていること	教材について分かっていること
・人は一面だけで判断するのではなく，相手のことを正しく理解しなければいけない。 ・自分と違う意見や考え方を受け入れていくことが大切だ。 ・意見の違うもの同士が互いに尊重し合うことで深まりのある人間関係が築ける。	・ピエロは，サムのよさを見つけることができなかった。 ・サムは，演技を見せるためにとてつもない努力をしていること，だからこそ観客はサムの演技に心を奪われること。 ・サムのよさを認め，自分だけがスターであるという気持ちを捨てることが大切だ。

子供に気づかせたいこと

・相手のよさを見つけたくても，偏見でものを見ていると見つけられないことがある。
・嫉妬ややっかみを捨て，本質を見ていなかった自分の愚かさを素直に認めないと，相手のよさに気づくことができない。

具体的なねらい

　自分の中に苦手意識や先入観があると相手のことを正しく判断することができにくくなることに気づかせる。また，そのことに気づかなければ，相手を本当に理解することは難しい。

①授業づくりのポイント

　自分と異なる意見や立場を受け入れることは容易ではない。また，一度もってしまった先入観や苦手意識はなかなか消えない。そのため，自分と異なる考えを相手の立場に立って想像させることだけで相手に対する理解を深めることは難しい。まず，「自分の中に，相手が自分とは違う，間違っていると思う気持ちがあると，相手のことを正しく見ることができなくなりやすい」ということに気づかせることが他者理解の第一歩になるのではないだろうか。正しく相手を見ているかということを常に自問し，澄んだ目で相手を見て，広い心をもって受け入れることがよりよい人間関係を築く上で大切であると考える。

②中心発問を考える

　サムに対して腹を立てていたピエロが，自分の思いは間違っていたと気づくことを理解させるためには，サムは観客を喜ばせるために真剣に演技に取り組んでいること，また，その思いはピエロと同じであることを押さえる必要がある。

中心発問ア	サムの演技を見て，ピエロはどんなことに気づいたのでしょう？
中心発問イ	サムの真剣な姿に心を打たれたピエロでしたが，なぜ今までそのことが見えなかったのでしょう（見えなくしていたものは何でしょう）。

③中心発問を生かす補助発問を考える

　上記の中心発問の意図に沿って子供により深く考えさせるためには，次のような補助発問が有効であると考える。

中心発問アでより深く考えさせるための補助発問	
補助発問ア－1	ピエロは，ゲートの奥の通路でサムのどんな様子に気づきましたか。

中心発問イでより深く考えさせるための補助発問	
補助発問イ－1	半年も前から一緒に行動していたのに，初めてサムの様子に気づいたのはなぜでしょう。
補助発問イ－2	気づかなかったのは，ピエロのどんな気持ちが邪魔をしていたのでしょう。

④中心発問に至る主発問を考える

　中心発問イに至るまでに，サムに対するピエロの気持ちを共感的に捉えさせることで，なぜ今まで気づかなかったのだろうと真剣に考えることができる。

　主発問1　ピエロはサーカスのリーダーとして，また，昔からのスターとしてサムに対してどんな思いをもっていましたか？

	学習活動	発問と予想される子供の心の動き	指導上の留意事項
導入	○本時の課題を知る。	○今日は「人を理解すること」について考えましょう。	・ねらいへの方向付けを行う。
展開	○教材を読む。 ①スター気取りのサムを見ている時の気持ちを考える。	○スター気取りのサムを見ているうちに，ピエロの心にどんな思いが湧いてきたでしょう。 〈リーダーとしての気持ち〉 ・私の話を聞かずに勝手なことばかりする。 ・いつも言うことを聞かない。腹が立つ。 〈昔からのスターとしての気持ち〉 ・このサーカス団で昔からスターなのは私だ。 ・半年前から入ってきたくせに，一人だけ目立っていい気になって。私だって目立ちたい。	・リーダーとしてサーカス全体のことを思う気持ちもあるが，サムをうらやむ気持ちや自分が注目を浴びたいという気持ちがあることを押さえる。
	②大王の見物の後，サムはどんな様子だったか確認する。	○大王の見物が終わった後，サムのどんな様子に気づきましたか。 ・ゲートの奥の通路でぐったりしていた。 ・肩で息をしていた。 ・サムの顔は真っ青だった。	・サムの空中ブランコに対する思い，観客に素晴らしい演技を見せたい，という思いに気づかせる。
	③ピエロはサムの様子を見てどんなことを思ったのか考える。	○サムの様子を見て，ピエロはどんな気持ちになったのでしょう。 ・サムは観客を楽しませるためにあんなに努力をしていたのだな。 ・サムのあんな姿初めて見たよ。驚いた。	・ピエロは気づかなかったが，サムはずっと真剣に演技していたことを押さえる。
	④ずっとサムの姿を見ていたはずなのに，サムの様子に今まで気づかなかった理由を考える。	○今までサムの真剣な姿が見えなかったのはなぜでしょう。ピエロにどんな気持ちがあったからでしょうか。 ・サムは自分勝手で，悪いやつという思い。 ・サムに対する怒りや憎む心。 ○ピエロからサムを憎む気持ちが消えた理由はどんなことに気づいたからでしょう。 ・悪いところばかりに目がいって，サムのよいところに気づかなかった。自分が悪かった。 ・自分勝手でわがままというイメージからサムを理解しようと思わなかったのは自分のほうだ。	・苦手意識や先入観があるとその人の別の一面に目がいかなくなることに気づかせる。
終末	○道徳ノートを書く。	○今日の学習で分かったことを書きましょう。	・今日の学習をふりかえらせることで，自分の学びを確認させる。

〈学習活動〉大王の見物の後，サムはどんな様子だったか確認する

発問 大王の見物が終わった後，サムのどんな様子に気づきましたか。

C　顔が真っ青。　C　肩で息をしている。

C　疲れ果てている。　C　あんなにぐったりしている姿を初めて見たよ。

C　私のことも気づかないほど疲れ果てているじゃないか。

T　大王が見ているからサムはこんなふうになっちゃうのかな？

C　違うと思う。

C　毎回，こんなふうに疲れ切ってしまうと思う。

T　そうですね。きっとどんな時もサムは自分の演技が終わればこんなふうにぐったりしてしまうのでしょうね。

〈学習活動〉ピエロはサムの様子を見てどんなことを思ったのか考える

発問 サムの様子を見て，ピエロはどんな気持ちになったのでしょう。

C　サムは素晴らしい演技を見せようとこんなに努力していたのだな。

C　だれよりも一生懸命努力しているんだ。

C　自分の力を出そうと精一杯がんばっていたんだ。

T　実際にサムの演技は観客を楽しませることができていましたね。ピエロはどんな思いでいつも曲芸をしているのかな？

C　ピエロもお客様に楽しんでほしいと思ってるよ。

C　サーカス団のリーダーだったんだから。

C　最高の演技を見せて喜んでほしいという思いは一緒だ。

T　サムとピエロは，自分の演技を一生懸命やりたい，喜んでほしいという思いは同じだったんですね。

C　その点では一緒だった。

〈学習活動〉サムの様子に今まで気づかなかった理由を考える

発問 今までサムの真剣な姿が見えなかったのはなぜでしょう。ピエロにどんな気持ちがあったからでしょうか。

T　サムとピエロは半年も前から同じサーカスにいたんですよね？　半年もサムの様子が分か

らなかったのはなぜですか？

C　サムのことがいやだったから。

C　サムだけ目立ってずるいという気持ちがあったから。ピエロは自分だって目立ちたかった。

T　サムのことが嫌いだな，あいつばっかり目立ってずるいなという気持ちが邪魔していると，サムが真剣にがんばっていることって気づかないの？

C　嫌いな相手のことはよく思えないよ。

C　あんまり関わりたくないと思うし，嫌なやつだなって気持ちが強い。

T　いやなやつって最初から思っているから？

C　思い込んでいるとよいところって見えない。

〈学習活動〉なぜピエロからサムを憎む気持ちが消えたのかを考える

> **発問**　ピエロからサムを憎む気持ちが消えた理由はどんなことに気づいたからでしょう。

T　ピエロはサムに対する憎む気持ちが消えたって言っていますよね。サムの様子を見ていてどんなことに気づいたからでしょうね。

C　悪いところばかりに目がいって，サムのよいところに気づかなかったこと。

C　自分勝手でわがままという思いからサムを理解しようと思わなかったこと。

T　いやなやつだな，嫌いだなと思っていたらサムのいいところって見えないの？

C　一回自分の嫌いって気持ちをなくさなきゃ。

C　自分の感情をリセットしないとよいところは見えないよ。

T　なるほど。自分の気持ちを一回まっさらにして，改めて相手を見なくちゃいけないんだね。

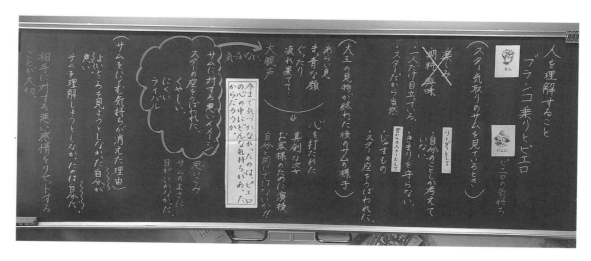

ねらいから見た評価のポイント

　6年生にもなると，文章を一読すると主人公の心情が変化していったことはすぐに分かる。サムの努力を認め，よいところを見つけることが大切というような，表面的なことはほとんどの児童が最初から何となく理解できている。

◆**本時の内容項目について子供がもともと分かっていたかどうか判断できないもの**

> 　人を理解するには相手のことを意識して悪いところだけでなく，よいところを見つけることが必要だと思いました。

　様々な行事を行い，高学年として生活を送ってきた子供たちは，友達を一面だけで判断してはいけないということは日頃から指導されている。このような当たり障りのない文章を書く児童はたくさんいると思われる。

◆**教材について子供がもともと分かっていたかどうか判断できないもの**

> 　人を理解するのは難しい。ピエロのようにしっとする心をなくし，人の大変さを理解する人になりたいと思いました。

　この内容では，今まで嫉妬したり，腹が立ったりしていたいやな相手に対して，マイナスな感情をなくすことがなぜ大切なのかがよく分からない。ピエロが自分の思い込みに気づいたことで，深く相手を理解できたことが書かれていないと，本時の道徳の学習をして分かったことなのかが判断できない。

◆**本時のねらいについて子供が学んだと思われるもの**

> 　相手に対する感情をリセットして，相手のことを見直すといやだなと思っていた人でもよいところを見つけられることがわかった。

> 　最初はいやだなと思っていても人には必ずよいところがある。よいところを見つけるには，一度リセットして相手を見ることが大切だとわかりました。

　6年生の子供は，自分より目立つ存在に対して，ねたみや嫉妬という感情よりも，いやなやつ，憎いという気持ちのほうが強いようである。しかし，どちらにしてもマイナスなイメージがあると相手を本当に理解することはできないということが実感できれば嬉しい。

（冨谷　由美子）

第6学年

感動，畏敬の念【第5学年及び第6学年　D－（21）】

青の洞門

STEP1　具体的なねらいを設定する

①教材（青の洞門）の概要

　自分が犯した罪を償おうと，洞門を掘って人々を救うことに生涯をかける了海。そのひたむきな姿は，神々しくも思える。そんな了海の姿に，自分の親を殺された実之助の心から，敵討ちの気持ちは消えていく。そして，了海が掘り始めてから21年目に洞門が掘り抜かれた時，実之助は何も言わずに老僧の手を固く握った。

②子供にとって分かっていること，気づかせたいことから具体的なねらいまで

子供にとって分かっていること

内容項目について分かっていること	教材について分かっていること
・人間は弱いものだけれど，その中には素晴らしい心もある。 ・人間には弱くだめな面もあるが，中には素晴らしい人もいる。 ・人間の素晴らしさに感動させられることがある。	・自分を犠牲にしてまでも，人々のために尽くそうとする心は素晴らしく，また美しい。 ・命がけで何かに取り組み，やり遂げようとする時の人間の心は素晴らしい。 ・自分のことを犠牲にしてまでも人々のために尽くすことは素晴らしいし，立派なことだ。

子供に気づかせたいこと

・人間には，取り返しのつかないような過ちを犯してしまった自分のことを絶対に許すことができない「美しい心」があることに気づかせる。
・人間には，自分の犯した罪を償いたいという気持ちがあるが，いくら償っても償い切れないという思いが残る，そこに人間の心の崇高さがある。

具体的なねらい

　人の生命を奪うような罪を犯してしまった時には，その罪を何としてでも償いたいという気持ちになる。しかし，そのためにどれほどの善を積み重ねたとしても，自分が犯したことへの罪の意識は消せるものではない。そこに人間というものの哀しさと美しさがあることを理解させる。

①授業づくりのポイント

　了海が生涯をかけて洞門を掘り抜いたことについて，子供たちは，「すごい」「普通はできない」と思うだろう。そして，その偉業を成し遂げた了海をとてつもなく立派だと感じるかもしれない。この気持ちを，実之助が親の敵である了海を認め許す気持ちになるほどの感動とも一致させ，そんな了海の偉業を支えた心を「美しい」「感動的だ」と捉えさせることはできるだろう。しかし，それはあまりにも現実離れした了海の偉業によるものに思える。

　そこで本時は，了海の偉業ではなく，自分が犯した罪を悔い，何としても償いたいと洞門を掘り続けるが，洞門が完成したからといって，これで自分の罪を帳消しにできたと思うことはできないところに，人間の心の崇高さや美しさを見つけさせたい。

②中心発問を考える

　そんな人間の心の美しさを見つけさせるために，次の二つの発問を行う。

中心発問ア	生涯を費やして掘り続けた洞門がついに完成し，喜びの真っ只中にいる了海ですが，この時，これで自分が犯した罪は帳消しにできたと思えたでしょうか。
中心発問イ	このように，自分が犯した取り返しのつかない罪を償おうと，精一杯尽くしても，やはり自分の罪を許せない心が自分の中にあることをどう思いますか。

③中心発問を生かす補助発問を考える

　上記の中心発問の意図に沿って子供により深く考えさせるためには，次のような補助発問が有効であると考える。

中心発問アでより深く考えさせるための補助発問	
補助発問アー1	人の命を奪った罪滅ぼしに，人の命を救おうと考えて洞門を完成させたのだから，これで罪は完全に帳消しになったとは思えないのでしょうか。
補助発問アー2	洞門のおかげで大勢の人の命が救われ，その数は自分が奪った命の数の何倍にもなるかもしれないのに，それでもまだ罪の意識は消えないのでしょうか。

中心発問イでより深く考えさせるための補助発問	
補助発問イー1	数の上では，自分が奪った命よりも救った命のほうが多くなったわけですから，「帳消し」と思いたい気持ちはあるはずですね。また，周りの人は許すかもしれません。それなのに，自分が自分を許せないなんて辛いですよね。

④中心発問に至る主発問を考える

　自分が犯した罪に苦しみ，救われたいと願う了海の思いを捉えさせるため，次の二つの発問を行う。

主発問1	仏の道に入った了海は，これで自分が救われたと思えたでしょうか。
主発問2	了海が，洞門を掘ることを思いついた時，どんな気持ちだったでしょう。

学習指導過程

		学習活動	発問と予想される子供の心の動き	指導上の留意事項
導入		○本時の課題を知る。	○今日は「人間の心の美しさ」を見つけたいと思います。	・ねらいへの方向付けを行う。
展開		○教材を読む。 ①仏の道に入った後の了海の心について考える。	○仏の道に入った了海の心は，良心の痛みに悩まされなくなったでしょうか。 ・いや，僧になっても罪の意識は消えない。 ・僧になったのは自分のためであり，それで罪を償ったことにはならない。 ・それは，本当の解決にはならない。	・僧になっても，自分が犯した罪が消えるわけではなく，また，罪の意識も消えるわけではないことを捉えさせる。
		②洞門を掘ることを思いついた時の了海の気持ちについて考える。	○洞門を掘ることで多くの命を救うことができると思いついた了海はどんな気持ちになったでしょうか。 ・これで罪滅ぼしができるかもしれない。 ・洞門を完成させ，自分が奪った命の代わりに命を救おう。 ・これで人の命を救うことができれば，自分が奪った命への償いができる。	・人の命を救う仕事と出会い，これで罪滅ぼしができる，これで自分が救われるかもしれないと思った了海の気持ちを捉えさせる。
		③洞門が完成して喜びの中にいる了海の気持ちについて考える。	○洞門がついに完成し喜びの真っ只中にいる了海は，これで自分が犯した罪を帳消しにできたと思えたでしょうか。 ・少しはそう思えたと思うが，自分の罪を完全に消し去れたとは思えない。 ・どんなに善いことをしても，それと自分が犯した罪は別の問題であり，罪は消えないし，後悔の気持ちも消えない。	・たとえ洞門が完成しても，自分が命を奪ったことに変わりはないし，別の多くの命を救ったとしても，自分が奪った命の代わりにはならないと，苦しみから抜け出せない了海を捉えさせる。
		④罪の意識を消さない了海（人間）について考える。	○これほどのことをしても，自分が自分を許せない心が自分の中にあることをどう思いますか。 ・辛いけれども，そう思えるのが人間だ。 ・これで自分の罪を帳消しにすることができたと思えないのが人間の心だ。 ・哀しいけれど，そう思えてしまうことこそ人間らしさであり，心の美しさなのかもしれない。	・どれほどの善を積み重ねても，自分が取り返しのつかない罪を犯したという気持ちを消すことはできないが，それが人間の心の崇高さ，美しさでもあることに気づかせる。
終末		○道徳ノートを書く。	○今日の学習で分かったことを書きましょう。	・今日の学習をふりかえらせることで，自分の学びを確認させる。

〈学習活動〉仏の道に入った後の了海の心について考える

> **発問** 仏の道に入った了海の心は，良心の痛みに悩まされなくなったでしょうか。

C 僧になったからといって罪の意識は簡単に消えるわけではない。

C 自分の苦しみから抜け出そうと思って仏の道に入ったが，いくら修行をしても罪の意識を完全に消すことはできなかった。

T 仏の道に入ったのは，自分のためなのですか？

C 反省するという意味では相手のためでもあるが，自分が楽になるためかもしれない。

C 仏の道の修行をすることはよいことだし，少しは楽になると思ったけれど，いくら修行をしても自分がやった罪への後悔の気持ちは消すことはできない。

C 悪いことをしたと思い続けている。

〈学習活動〉洞門を掘ることを思いついた時の了海の気持ちについて考える

> **発問** 洞門を掘ることで多くの命を救うことができると思いついた了海はどんな気持ちになったでしょうか。

C これで罪滅ぼしができて，救われるかもしれない。奪った命の代わりに，命を救おう。

C 自分は人の命を奪ってしまった。その代わりに少しでも多くの命が救えるといい。

T 奪ってしまった命は取り戻すことができないから，その分他の人の命を救おうと思ったのですね。

C 奪った命の分だけ，それ以上の命を救うことができたなら，自分の罪が少しは軽くなるかもしれないと思った。

C 自分の命を捨てるだけだとだれも助からないけど，洞門を掘ると人の命を救うことがきる。だから，命がけでこの仕事をやろうと思った。

〈学習活動〉洞門が完成して喜びの中にいる了海の気持ちについて考える

> **発問** 洞門がついに完成し喜びの真っ只中にいる了海は，これで自分が犯した罪を帳消しにできたと思えたでしょうか。

C 少しはそう思えたと思うけれど，自分が犯したことへの罪の意識はやっぱり消えない。

T これで，自分が奪った命の数よりもはるかに多くの命を救うことになるかもしれません。それでも罪の意識は消えないでしょうか？

C どんなに多くの人の命を救えたとしても，自分が命を奪ったことに変わりはない。

C 悪いことをした代わりに，善いことをいくらしても，自分のやった悪いことへの罪の意識を完全に消すことはできない。

C どんなに善いことをしても，それと自分がした罪とは別のことだし，自分自身の心が許していない。

C 自分が奪った命が生き返るわけではない。

〈学習活動〉罪の意識を消さない了海（人間）について考える

> **発問** これほどのことをしても，自分が自分を許せない心が自分の中にあることをどう思いますか。

C 辛いことだけど，何人殺した代わりに何人助けたとはならない。

T 数の上では，自分が奪った命よりも救った命の方が多くなったわけですから，「帳消し」と思いたい気持ちはあるはずですね。

C 帳消しにしたいという気持ちはあるだろうけど，そう簡単には帳消しにできない。

T 帳消しにできないのは，だれの心ですか？

C 了海の心。実之助は許しているし，村人も立派だと思っている。

T こんなふうに，周りが許しても自分が自分を許せない人間の心をどう思いますか？

C 辛いけれど，それが人間の心というものだ。簡単に許せないのが人間の心だと思う。

C 哀しいことだけど，それが人間の心だし，よいところだと思う。

C だから，人間は素晴らしい。美しい。

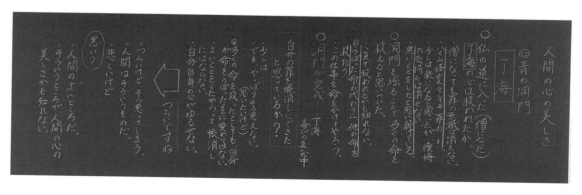

　本時の学習から，人の心の美しさについて，子供たちにどのような成長が見られたかを評価するために，終末で「道徳ノート」に「今日の学習で分かったこと」を書かせる。そこに書かれていることから，子供がこの1時間で何を学んだのか，学んだと考えているのかを見取り，それをどのように評価に反映させるかについてのポイントを示す。

◆**本時の内容項目について子供がもともと分かっていたかどうか判断できないもの**

> 　人間というのは弱いものだけど，人間の中にはすごい人がいて，その人の生き方にだれでも感動することが分かりました。

　このノートに書かれていることから子供が感動したであろうことは分かるが，子供たちがそのことを本時の学習によって初めて知ったわけではないだろう。したがって，これだけでは道徳性に関わる成長が見られたかどうかを評価することができない。

◆**教材について子供がもともと分かっていたかどうか判断できないもの**

> 　了海は，自分が昔犯した罪をつぐなうために命がけで洞門を掘った。その心が実之助にも村人にも通じたのが分かりました。了海の生き方はすばらしすぎて私にはまねできませんが，とても感動しました。

　このノートに書かれていることは，本時の学習がなくても分かったかどうかを判断することができないため，子供の道徳性に関わる成長が見られたかどうかを評価することができない。

◆**本時のねらいについて子供が学んだと思われるもの**

> 　人の命をうばうようなことをしてしまった時には，どんなことをしてでもその罪をつぐないたい気持ちになると思いますが，たとえどんなことをしても，最後まで自分の罪を許せない心が人間にはあることが分かりました。だから人間はすばらしいと思います。

> 　自分の罪をつぐなうために精一杯のことをして，周りの人々もそれを認めたとしても，自分だけが自分のことを許せないという気持ちがあることが分かりました。そんな気持ちをもつのは人間だけだと思います。

　これらの道徳ノートに書かれていることは，本時の学習を通さずに気づくことは困難であるため，本時の学習の成果としての学びであると評価することができると考える。　　（服部　敬一）

【編著者紹介】

服部　敬一（はっとり　けいいち）
大阪成蹊大学教授

【執筆者紹介】（執筆順，所属は執筆時）

山本　岳大（大阪府大阪市立深江小学校）

中山　真樹（大阪府高槻市立竹の内小学校）

服部　敬一（大阪成蹊大学教授）

中澤　佐知（大阪府八尾市立南高安小学校）

永井さやか（大阪府吹田市立片山小学校）

井上　華子（千葉県浦安市立浦安小学校）

下野　理史（大阪府大阪市立三先小学校）

龍神　美和（大阪府豊能町立東ときわ台小学校）

石川　裕基（大阪府豊中市立北丘小学校）

平田　葵（大阪府吹田市立岸部第一小学校）

髙月　敏江（大阪府豊中市立寺内小学校）

加藤みゆき（愛知県名古屋市立豊田小学校）

眞榮城善之介（沖縄県久米島町立久米島小学校）

田中　清彦（愛知県名古屋市立西築地小学校）

冨谷由美子（千葉県浦安市立南小学校）

道徳科授業サポートBOOKS
小学校　1時間で達成できる
具体的なねらいからつくる道徳の授業

2020年6月初版第1刷刊 ©編著者　服　部　敬　一
　　　　　　　　　発行者　藤　原　光　政
　　　　　　　　　発行所　明治図書出版株式会社
　　　　　　　　　　　　　http://www.meijitosho.co.jp
　　　　　（企画）佐藤智恵（校正）粟飯原淳美・武藤亜子
　　　　　　　　　〒114-0023　東京都北区滝野川7-46-1
　　　　　　　　　振替00160-5-151318　電話03(5907)6703
　　　　　　　　　　　　　ご注文窓口　電話03(5907)6668

＊検印省略　　　　　　　組版所　広研印刷株式会社

Printed in Japan　　　　　　　ISBN978-4-18-349513-6
もれなくクーポンがもらえる！読者アンケートはこちらから
→

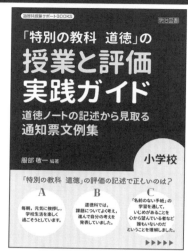